優しい時間

～花工房卯ららのお花たち～

作者：大堀 純子

Junko Ohori

ISBN-13:978-1511566667

ISBN-10:1511566663

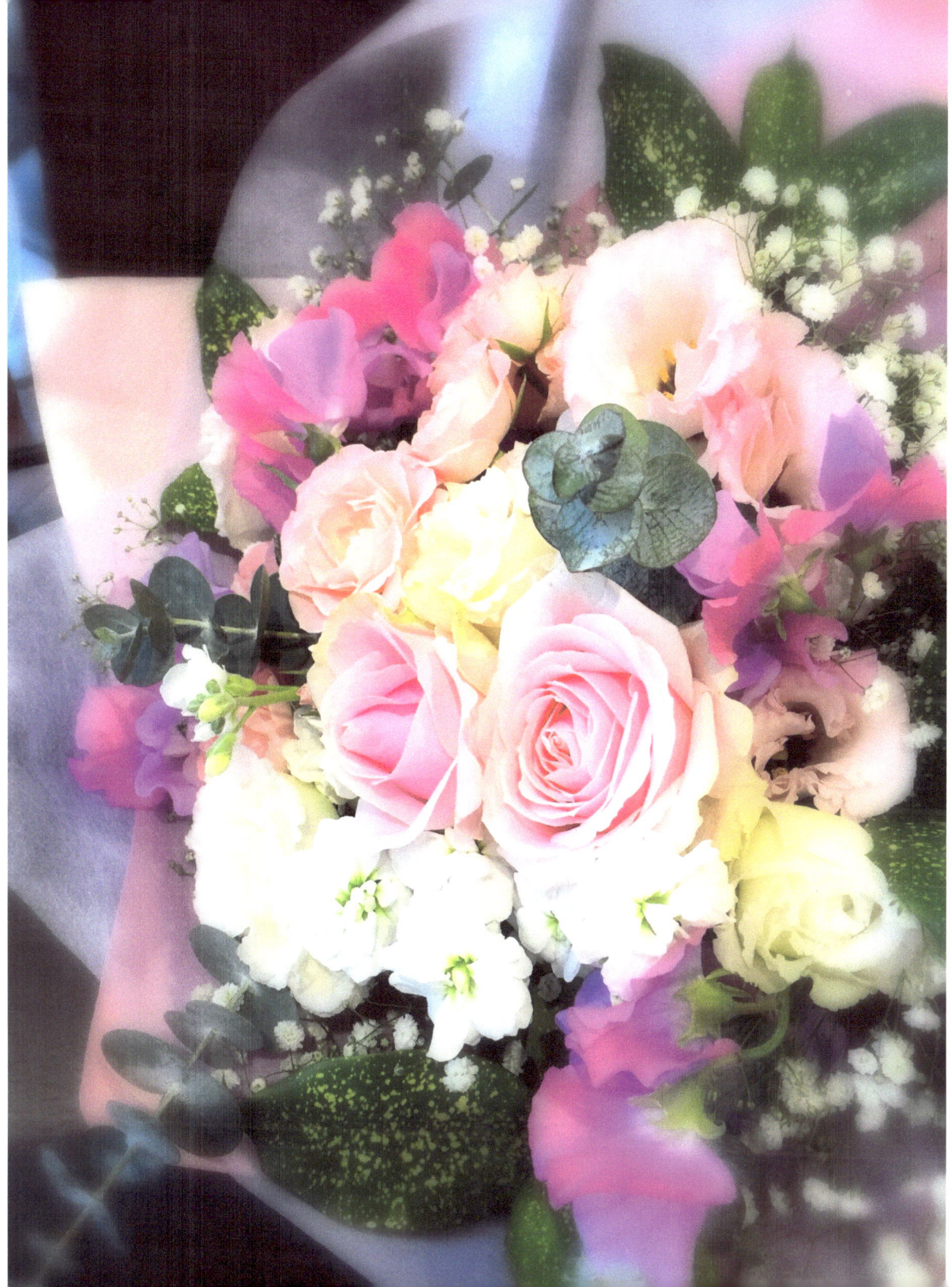

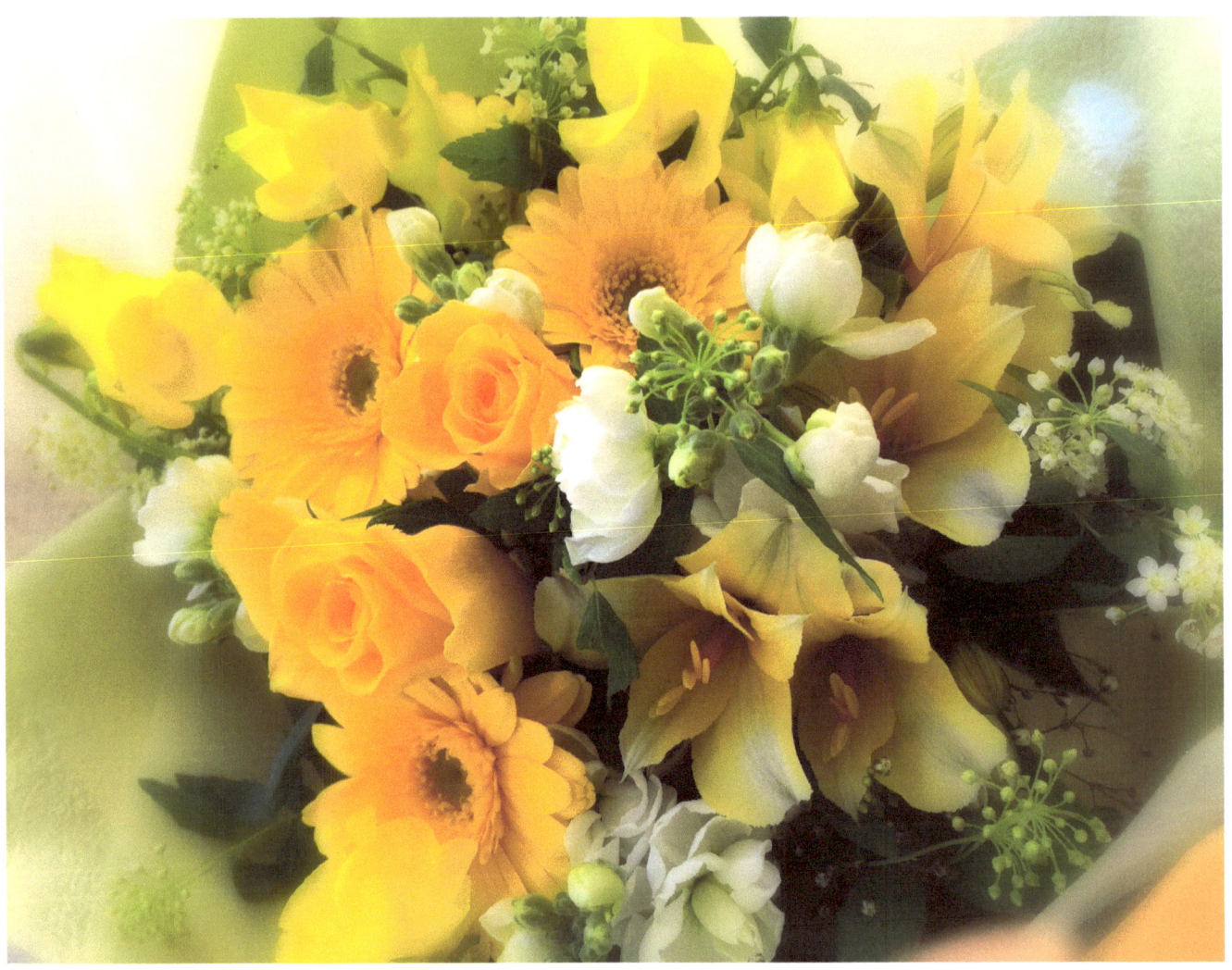

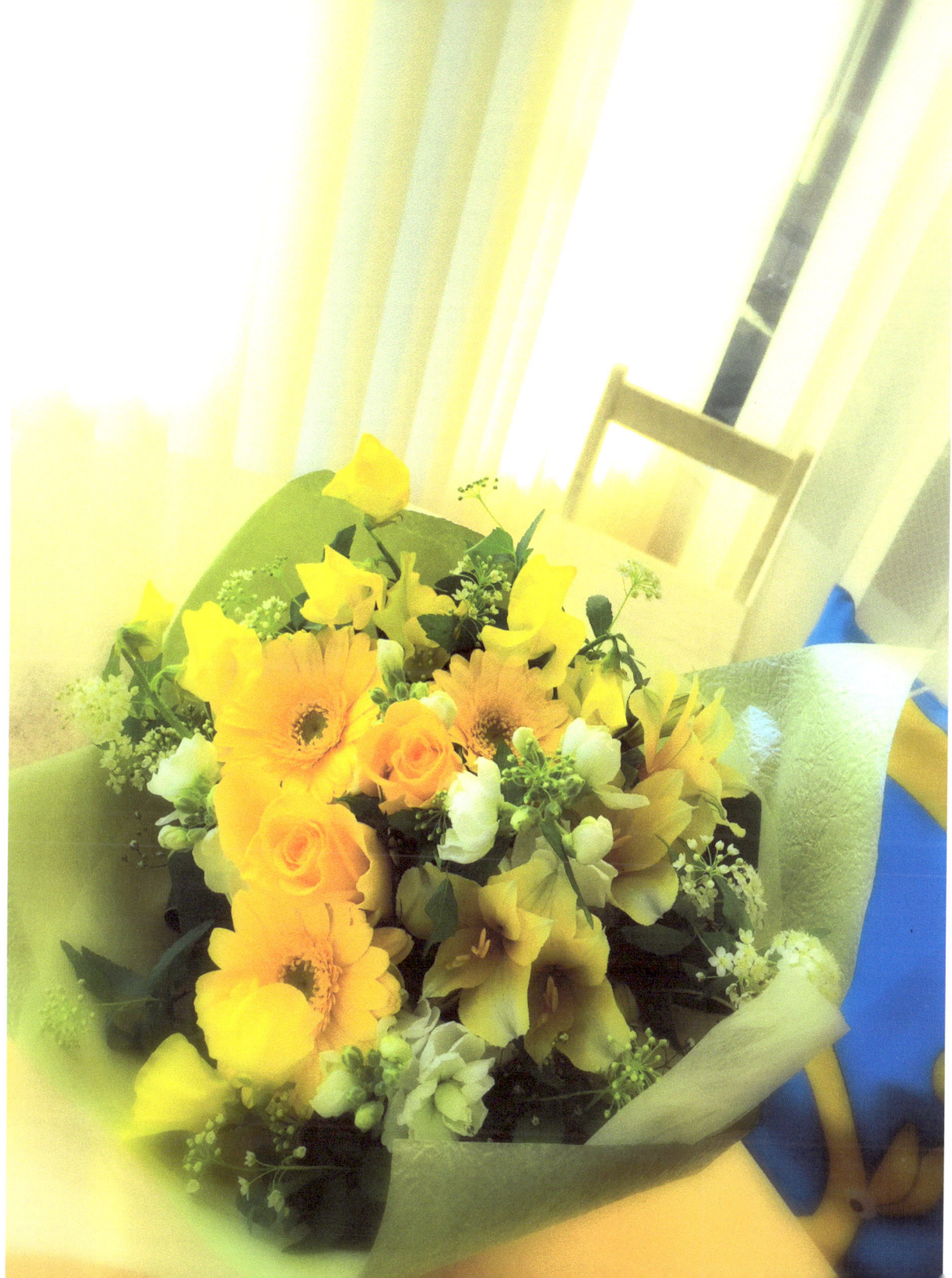

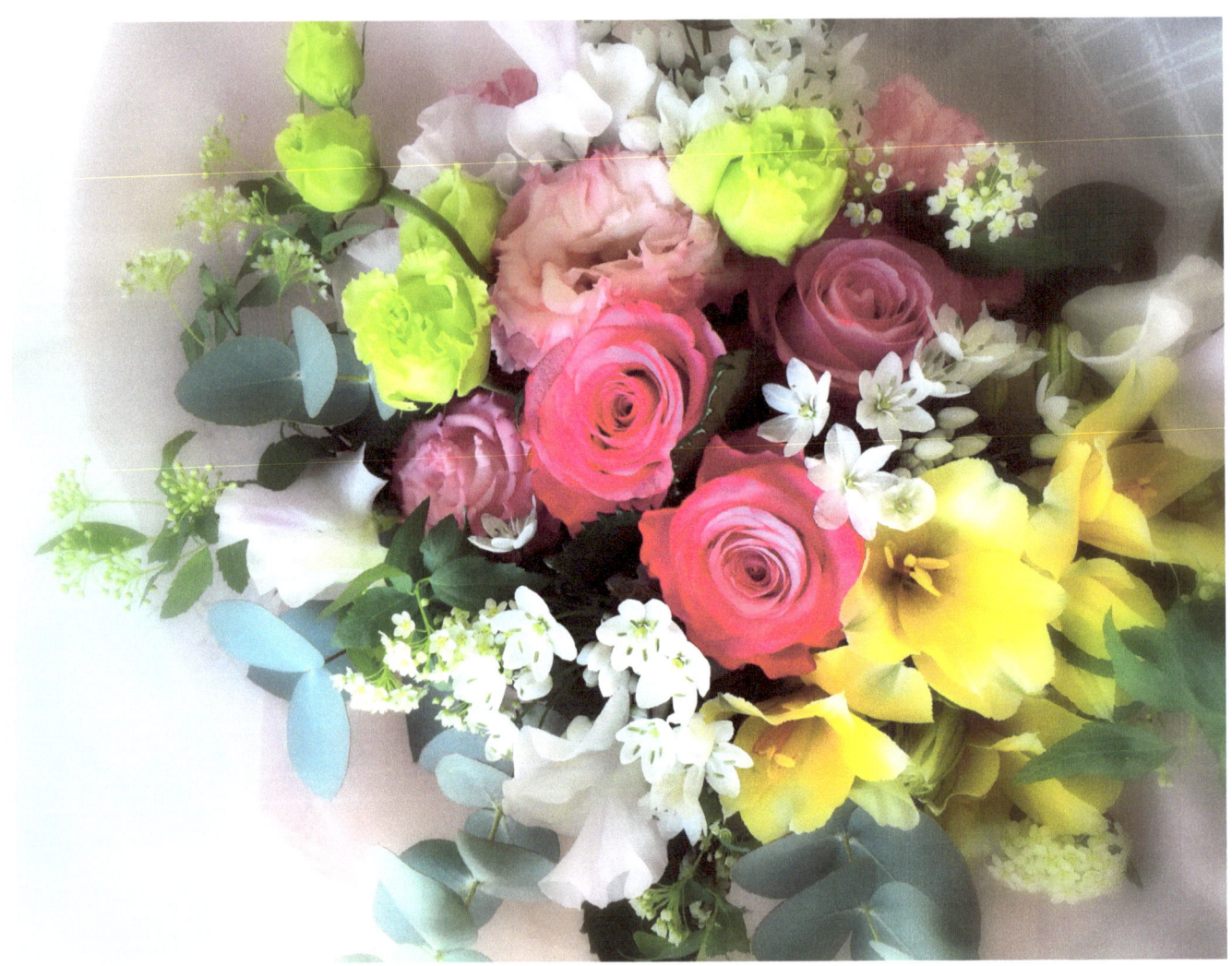

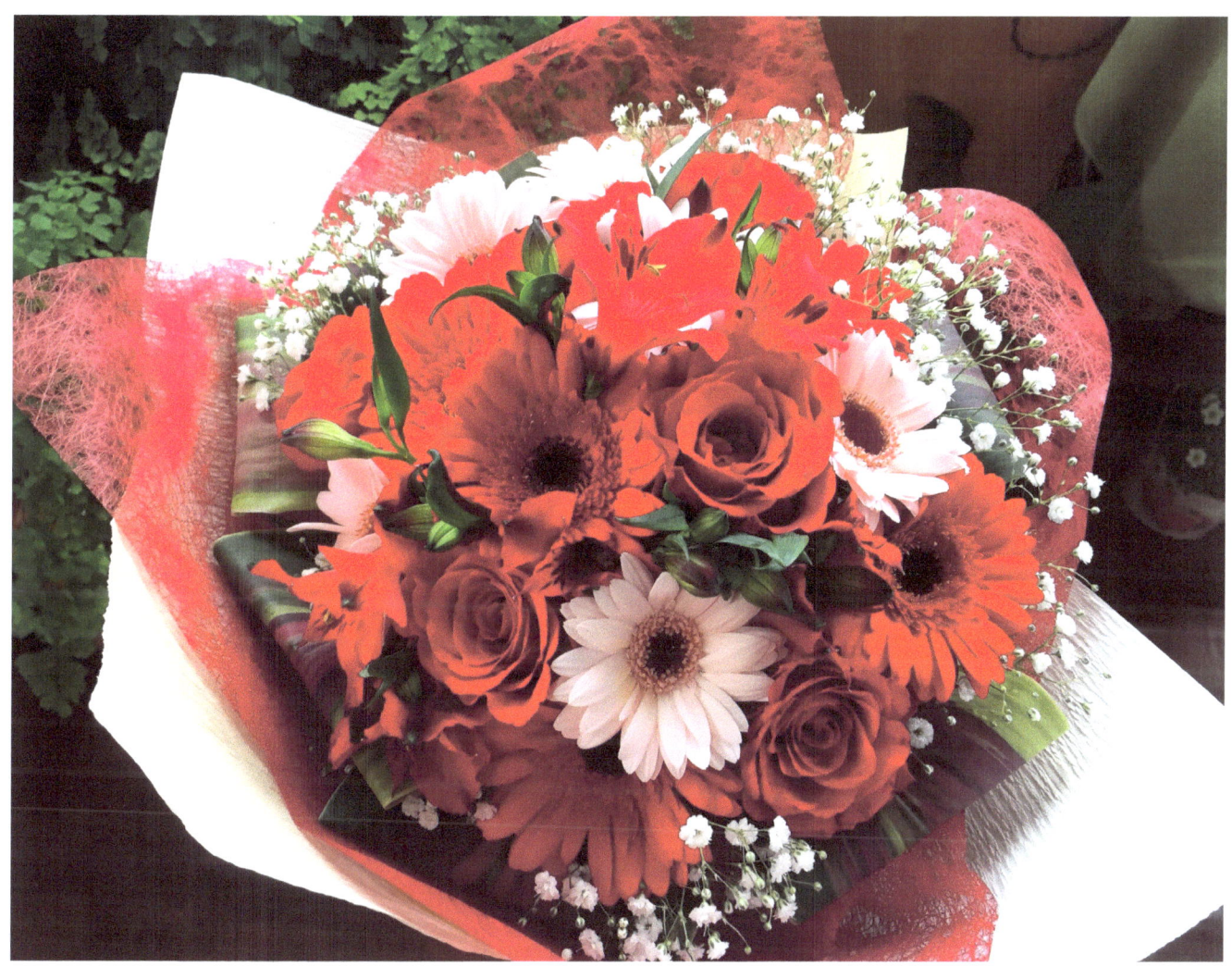

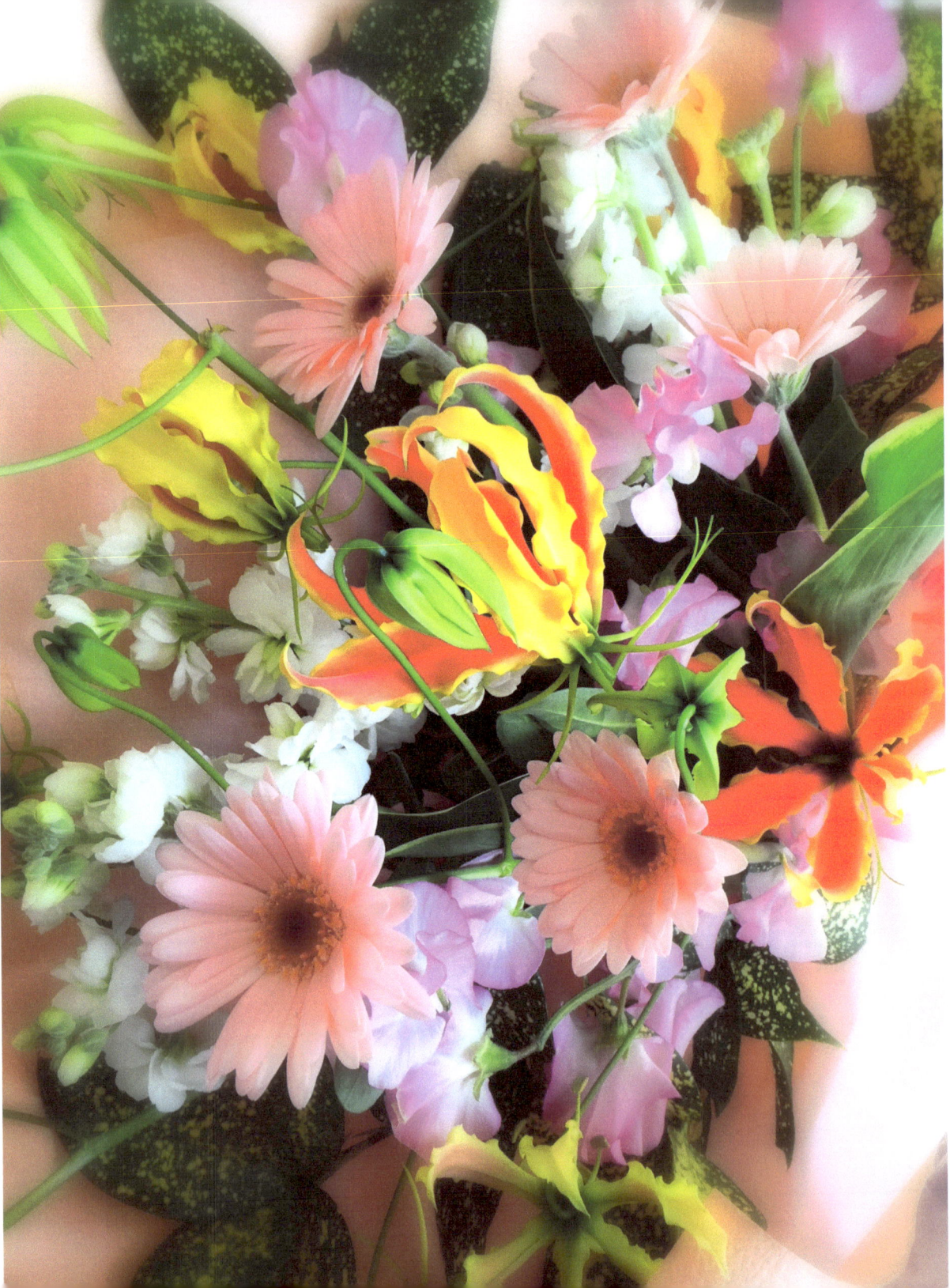

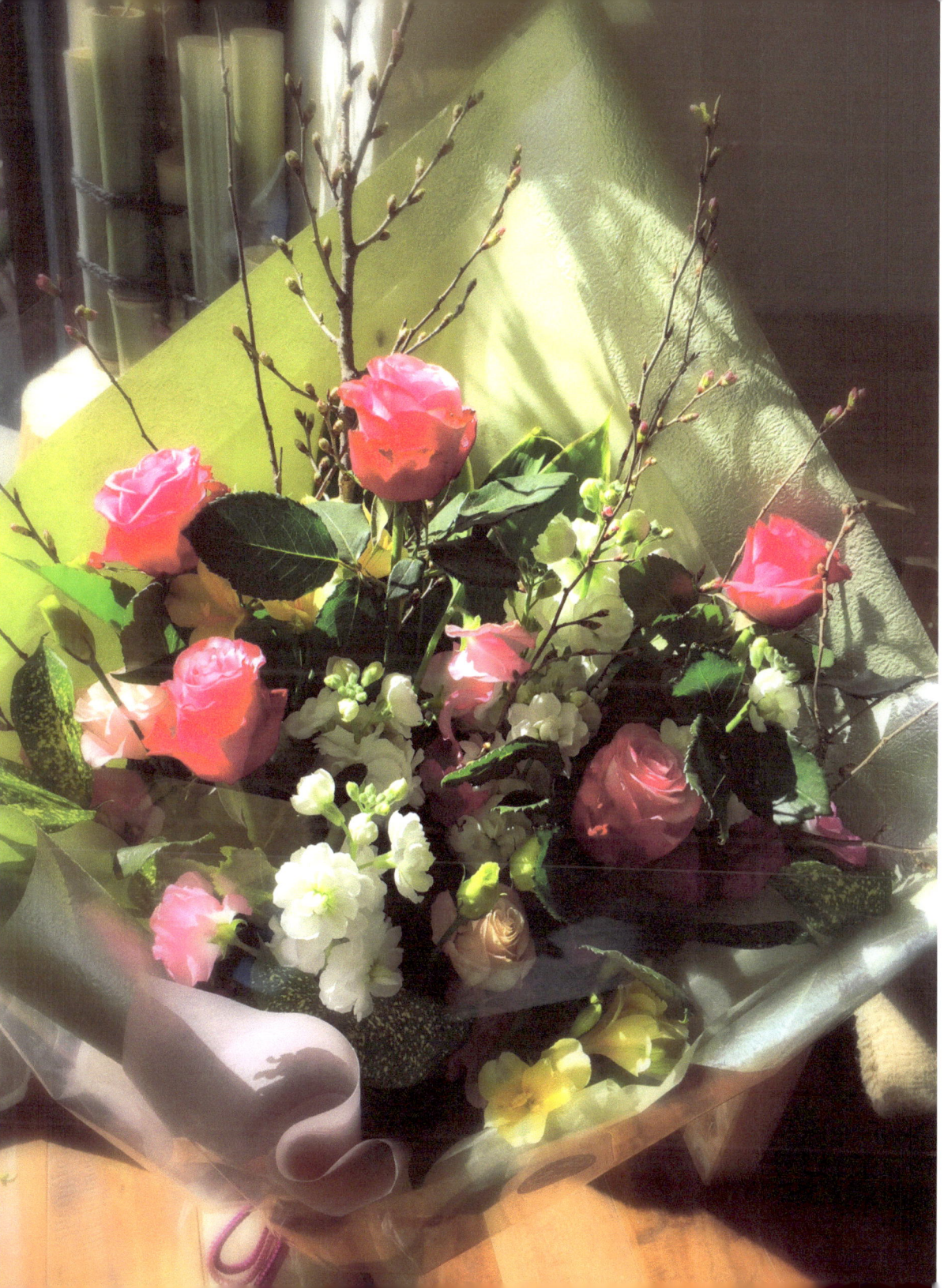

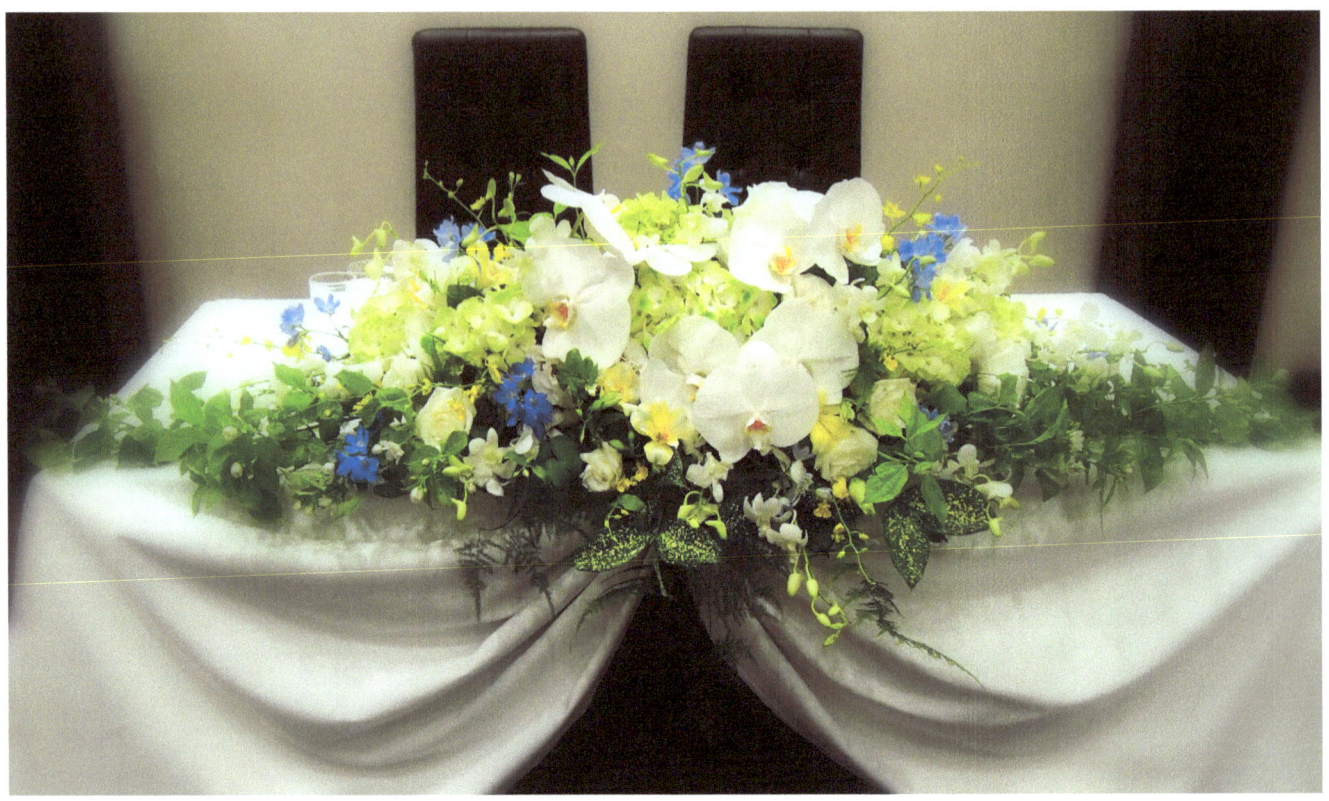

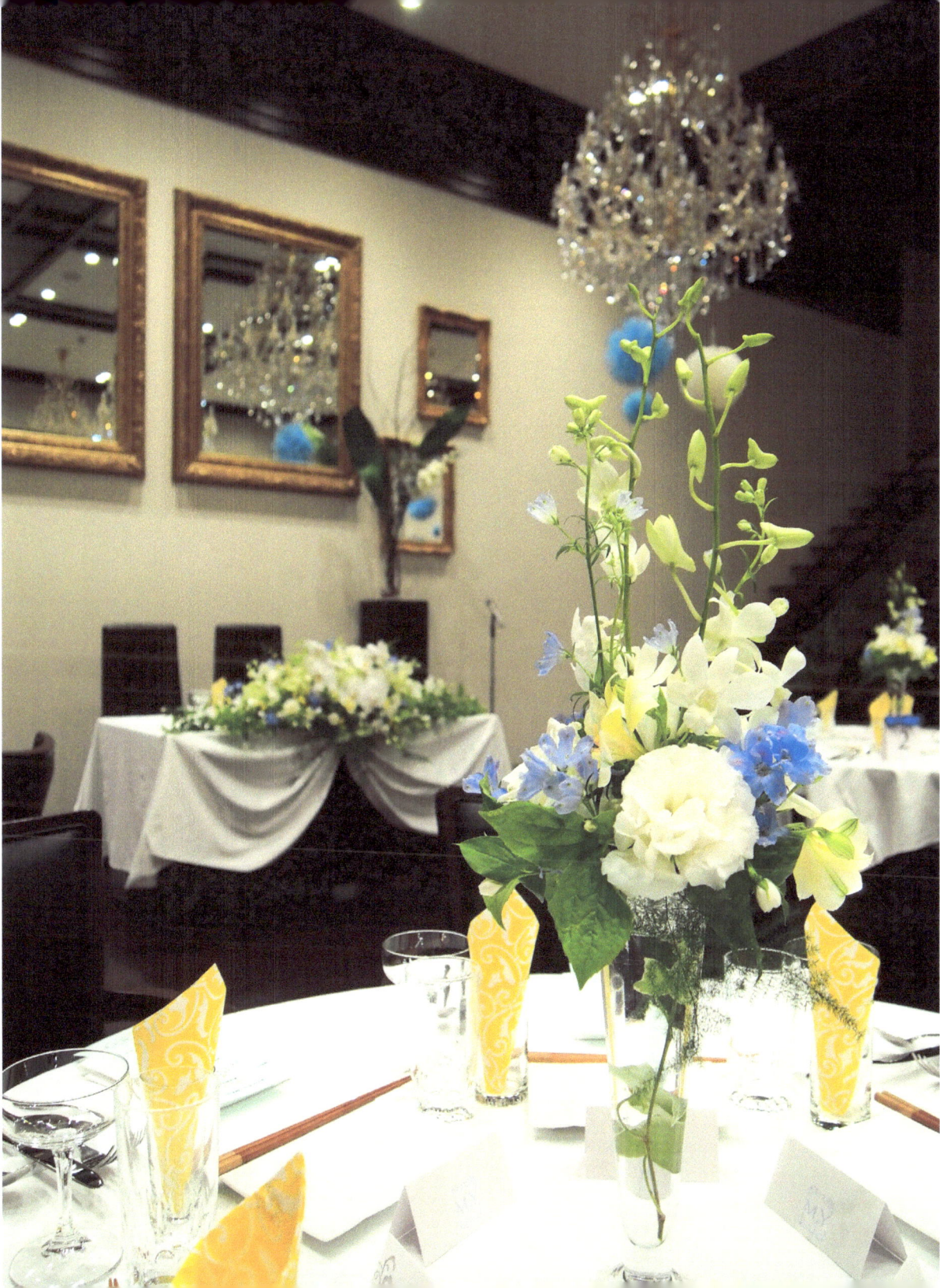

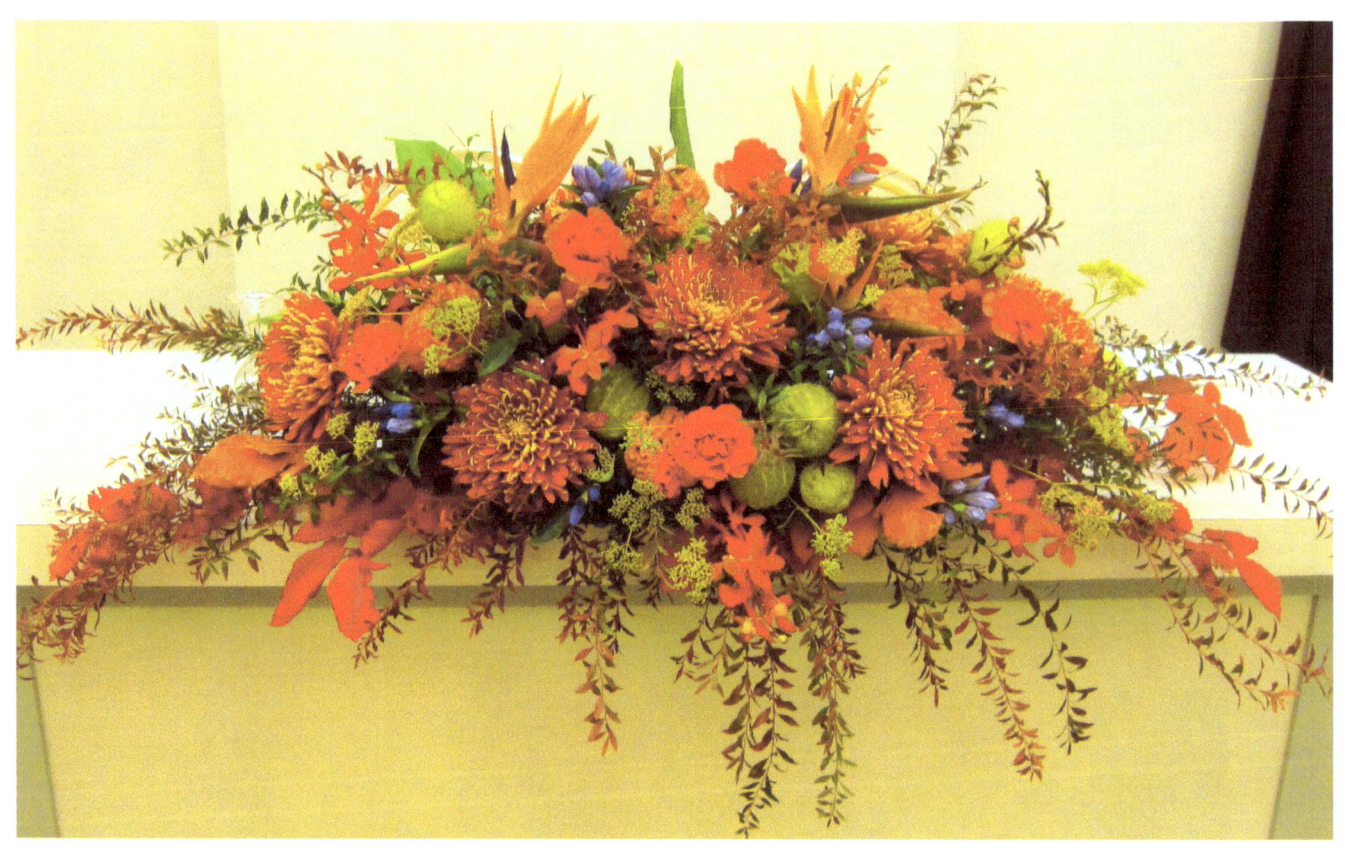

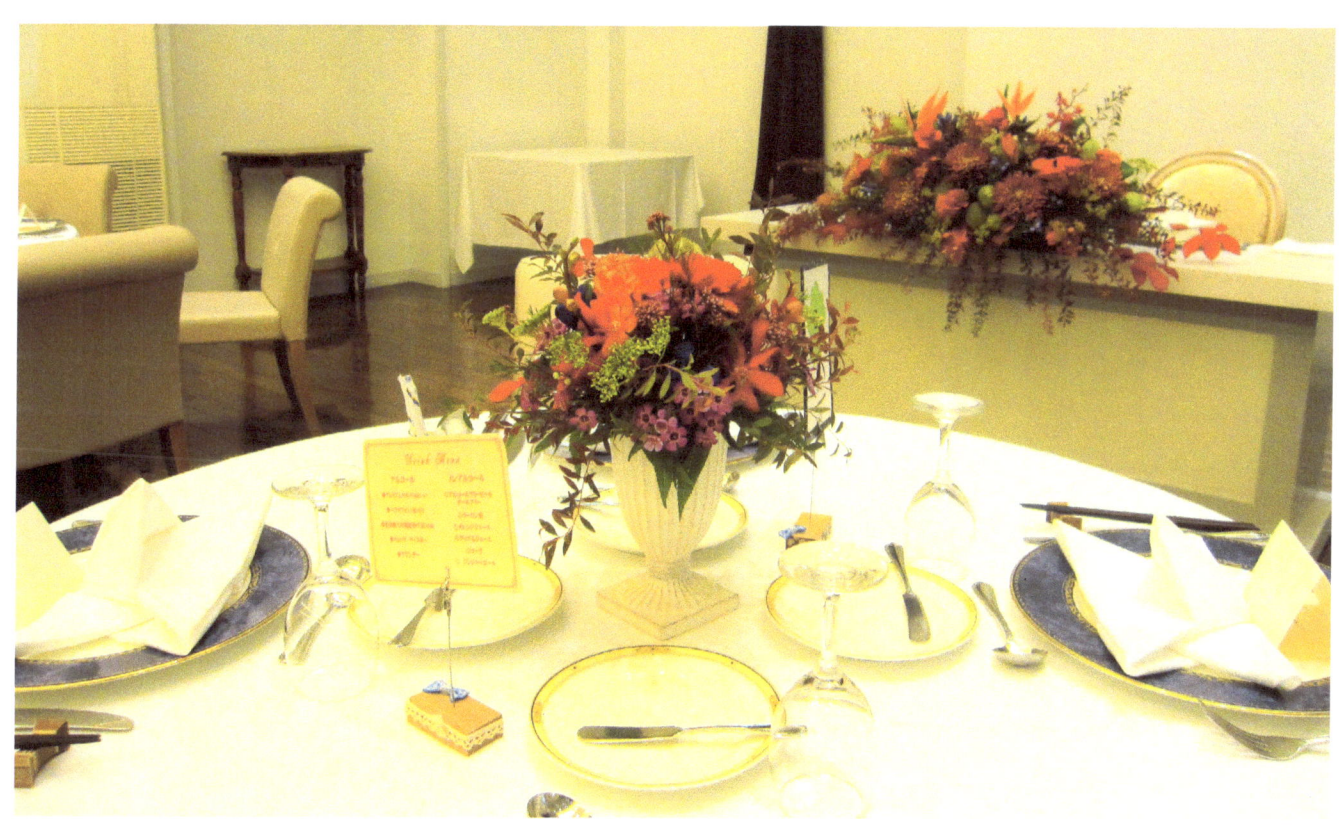

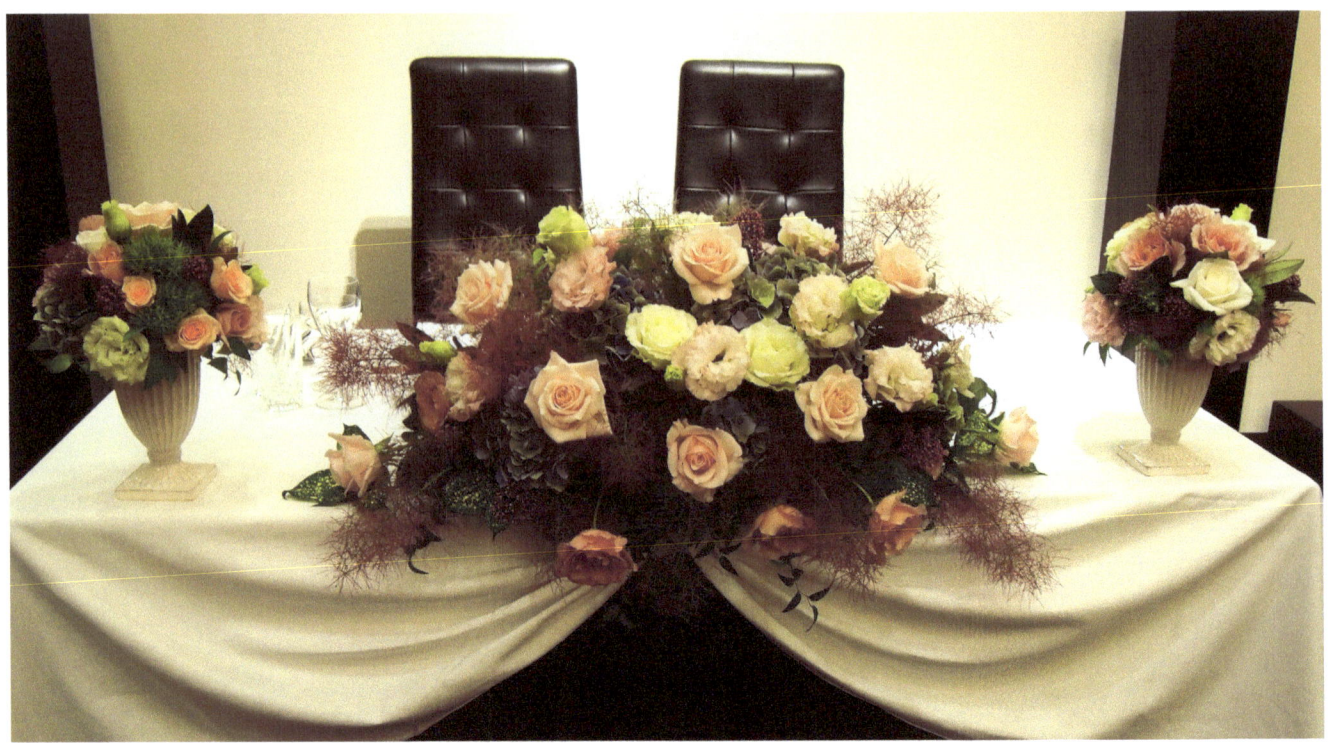

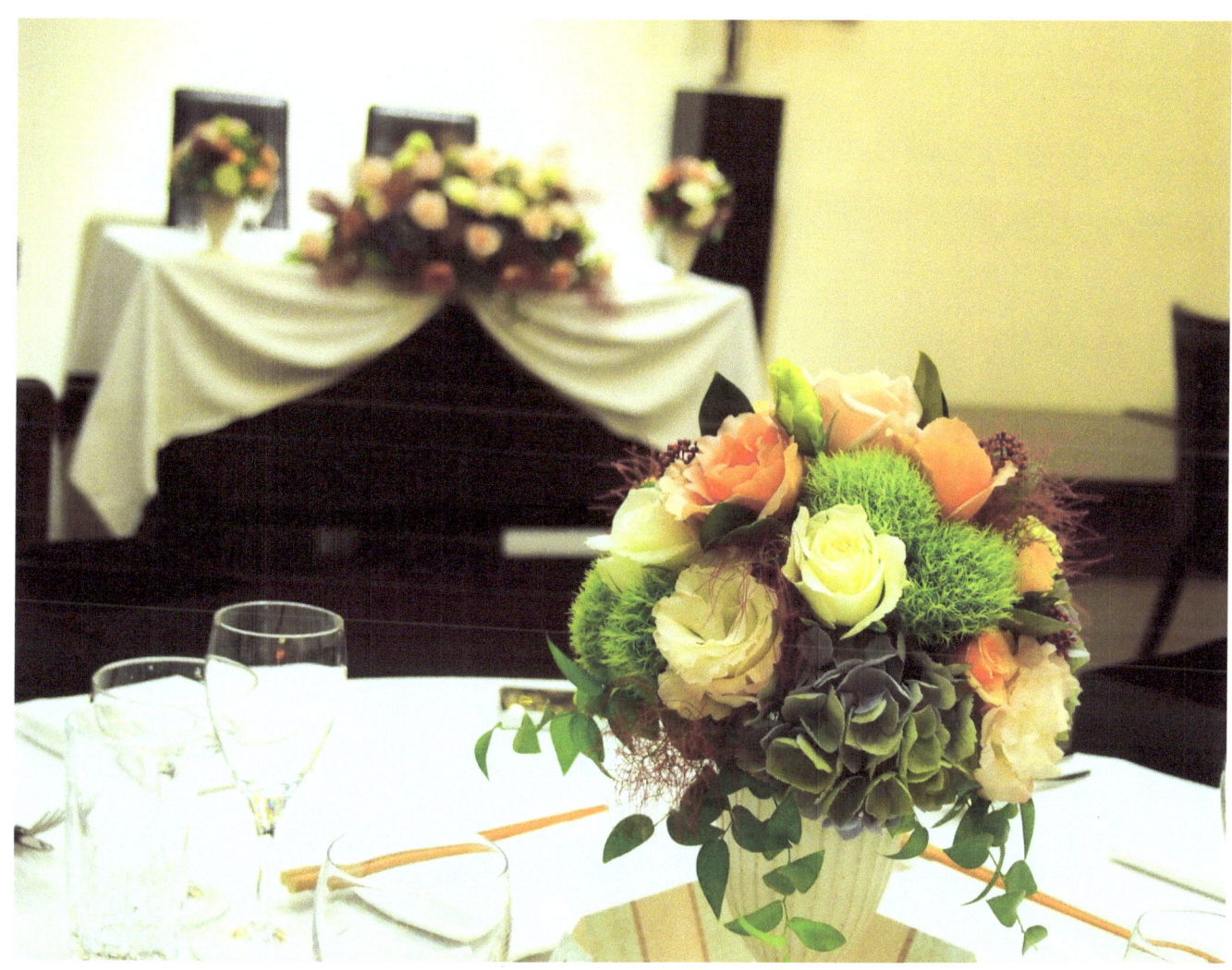

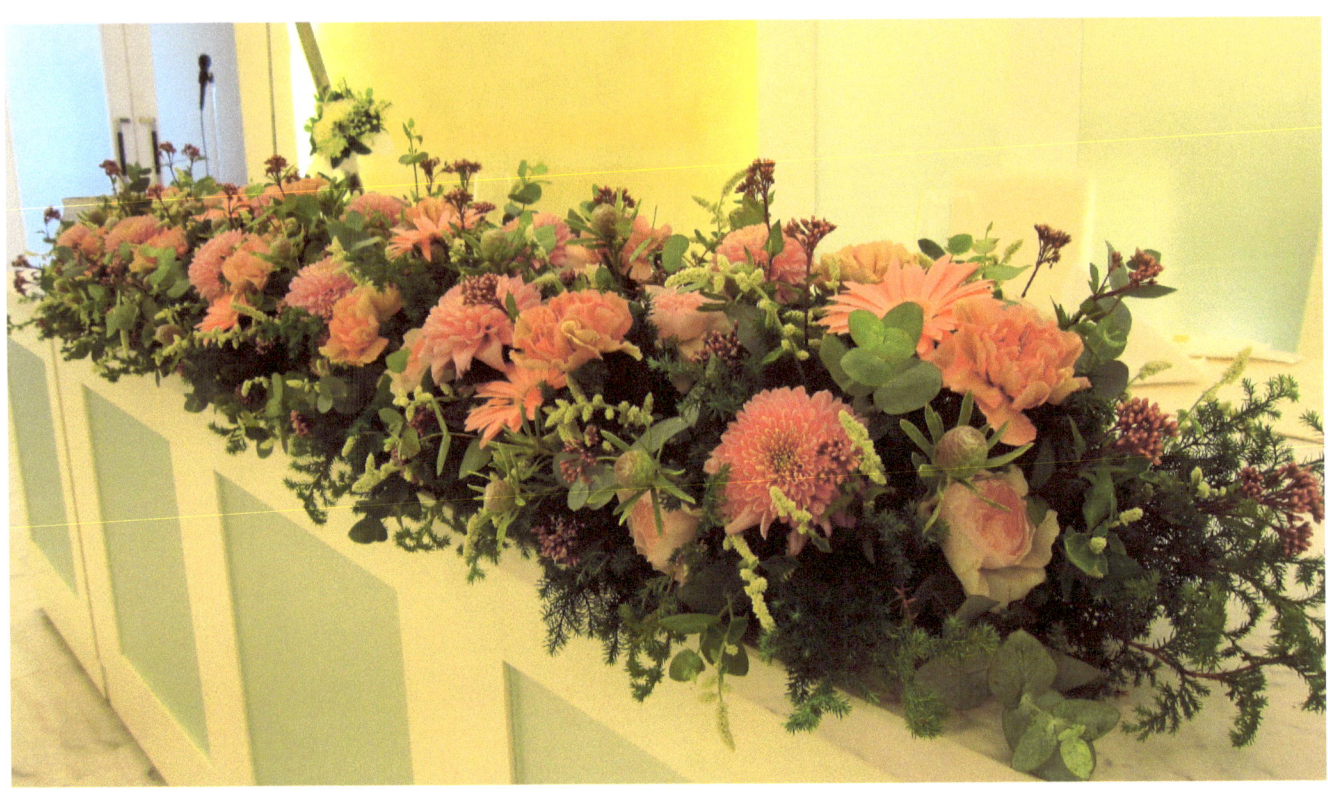

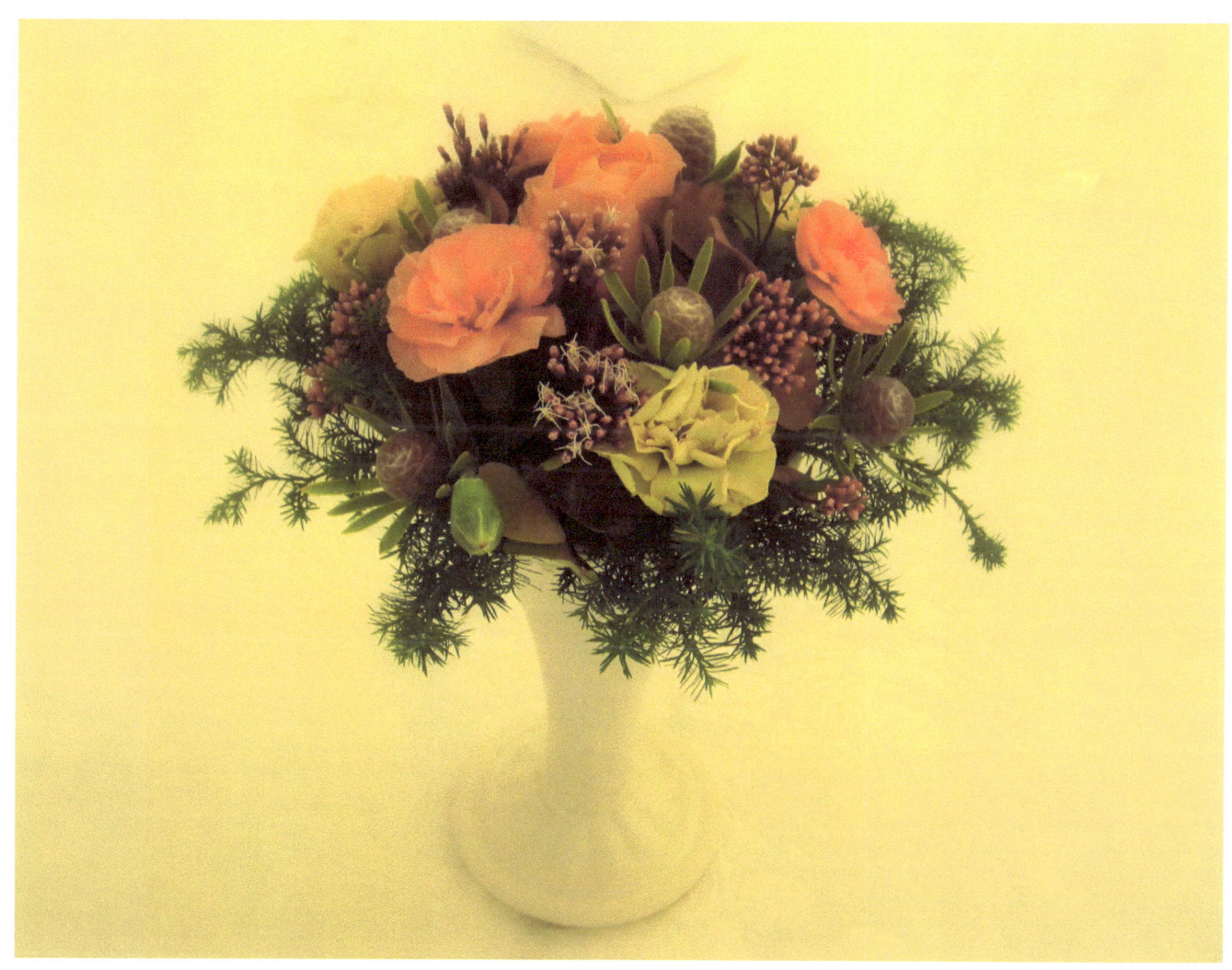

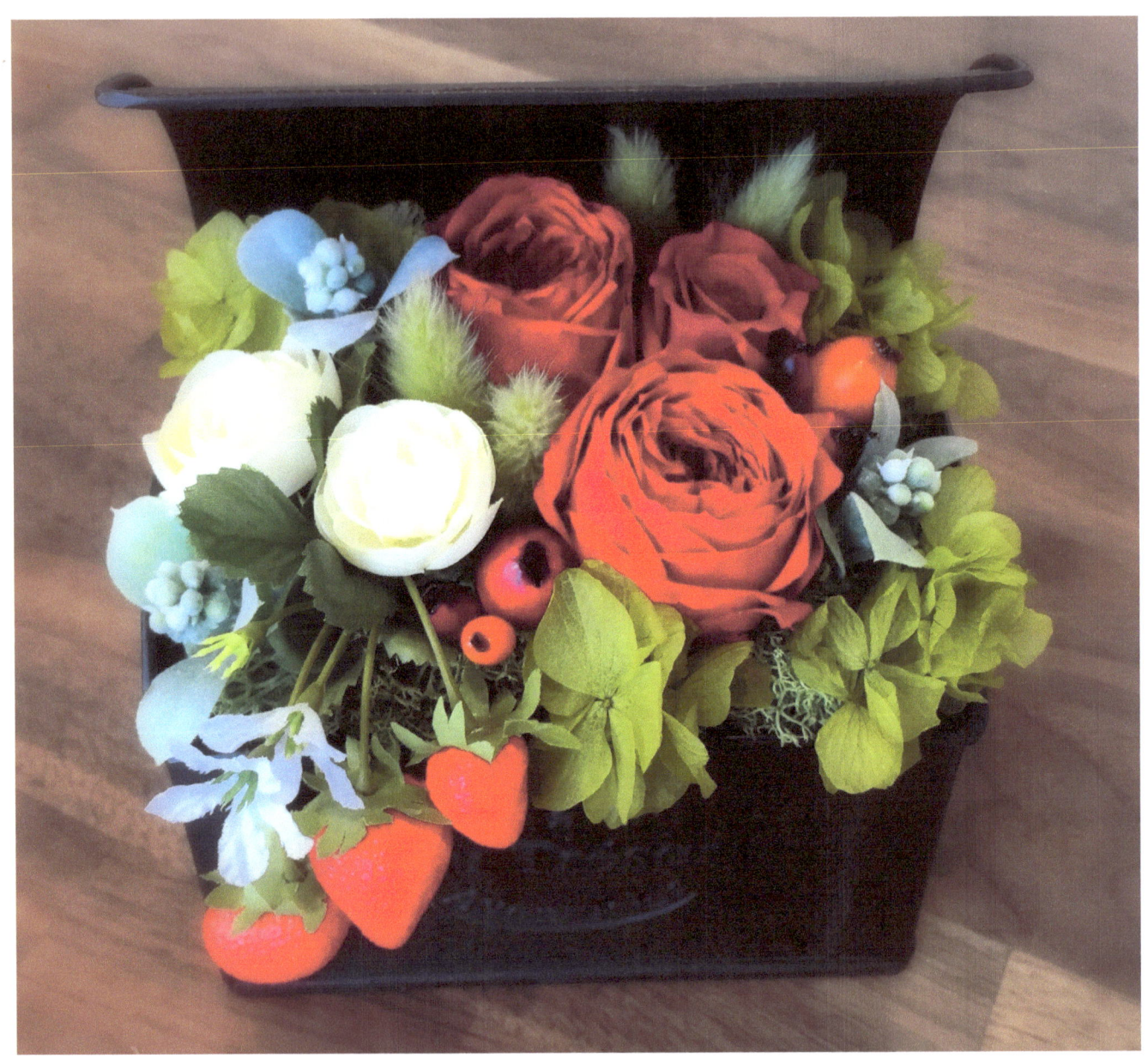

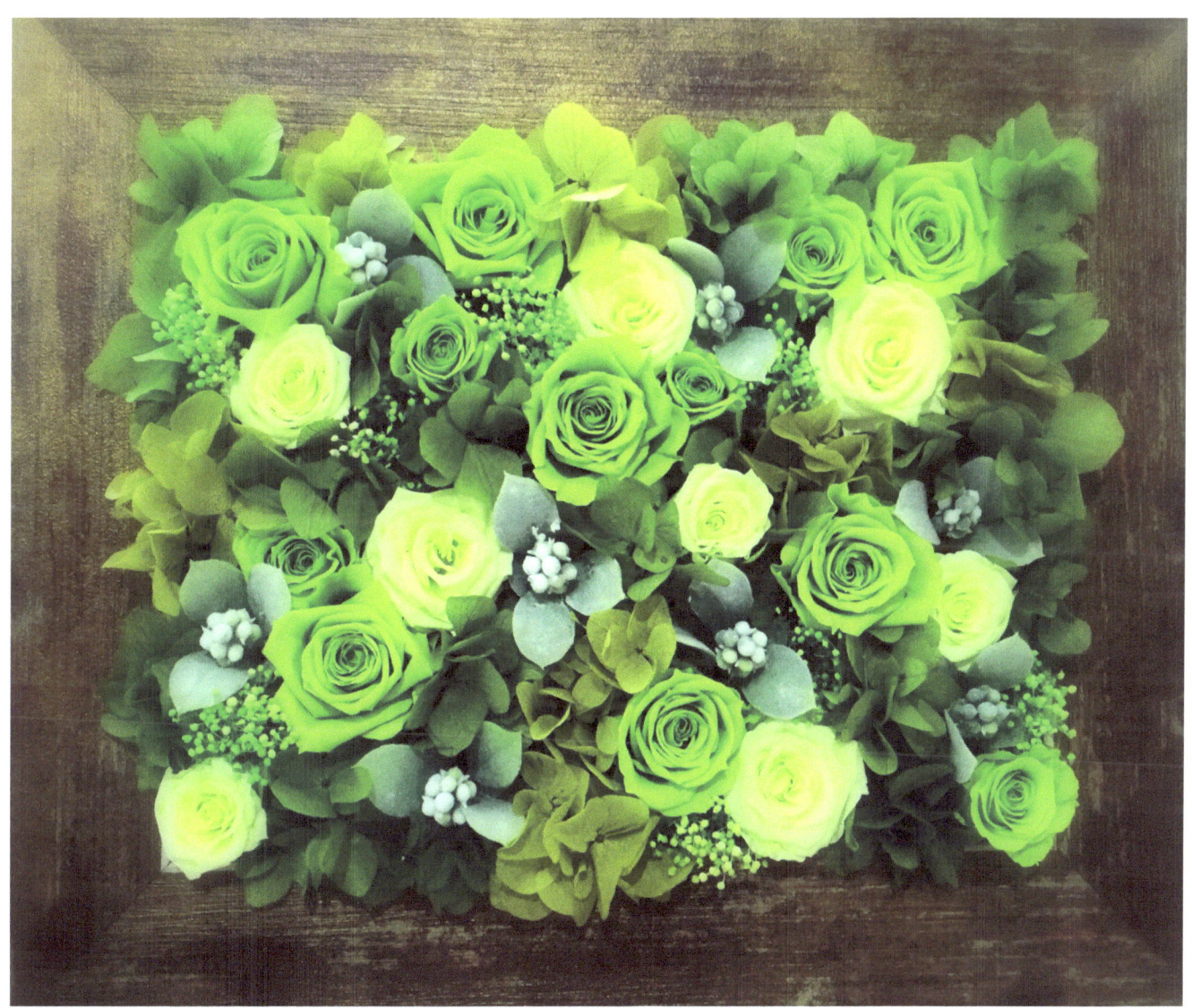

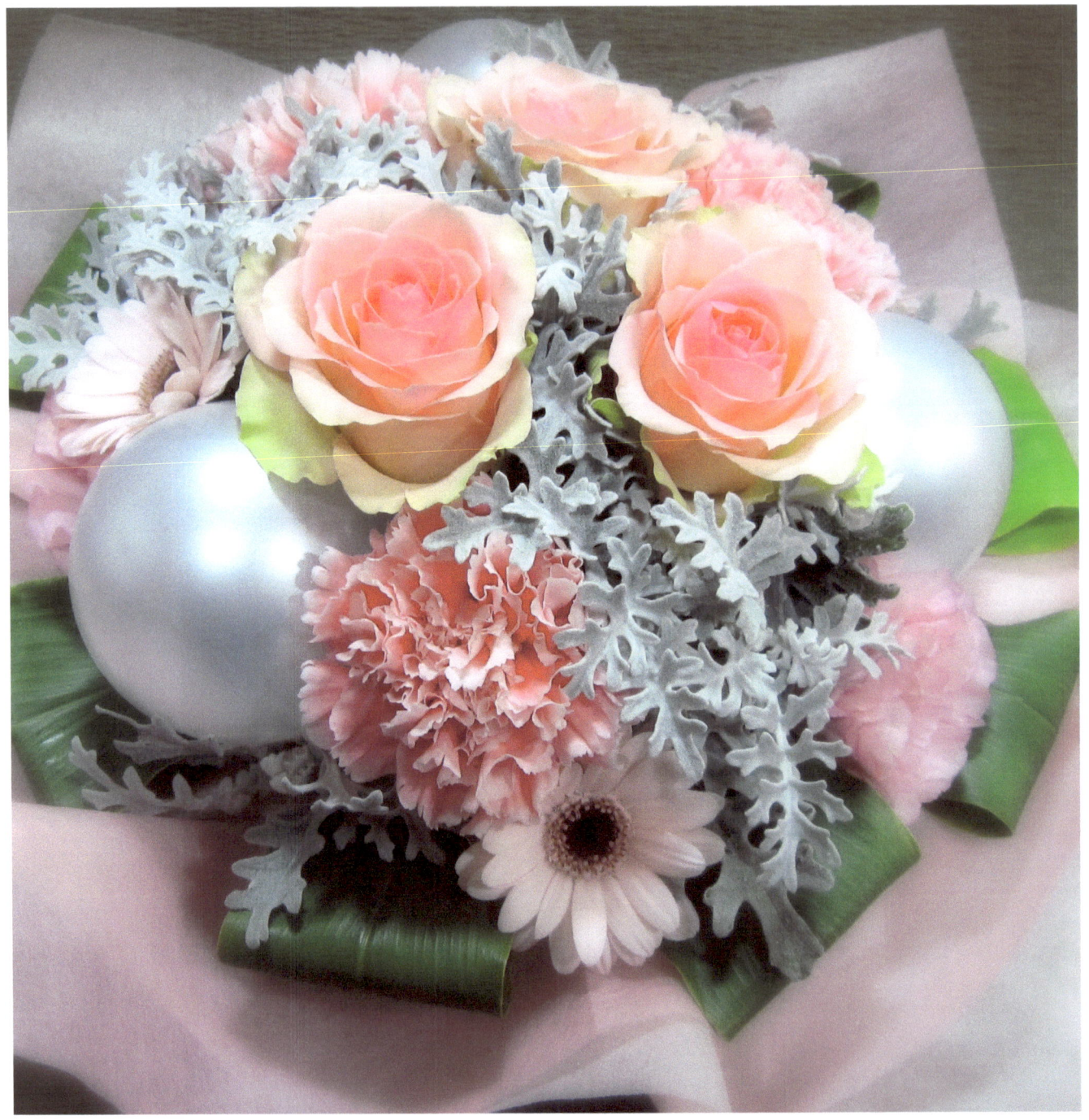

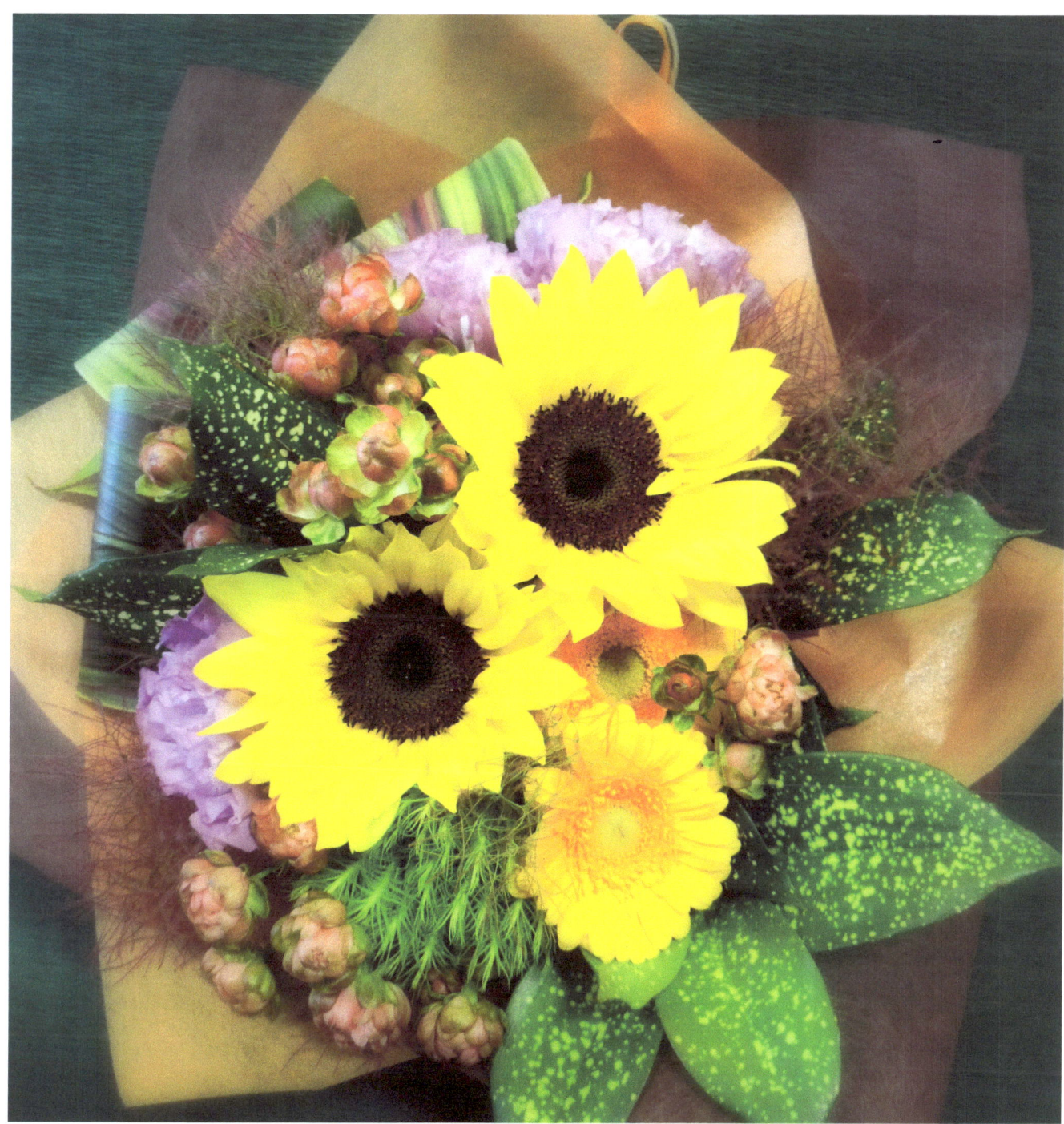

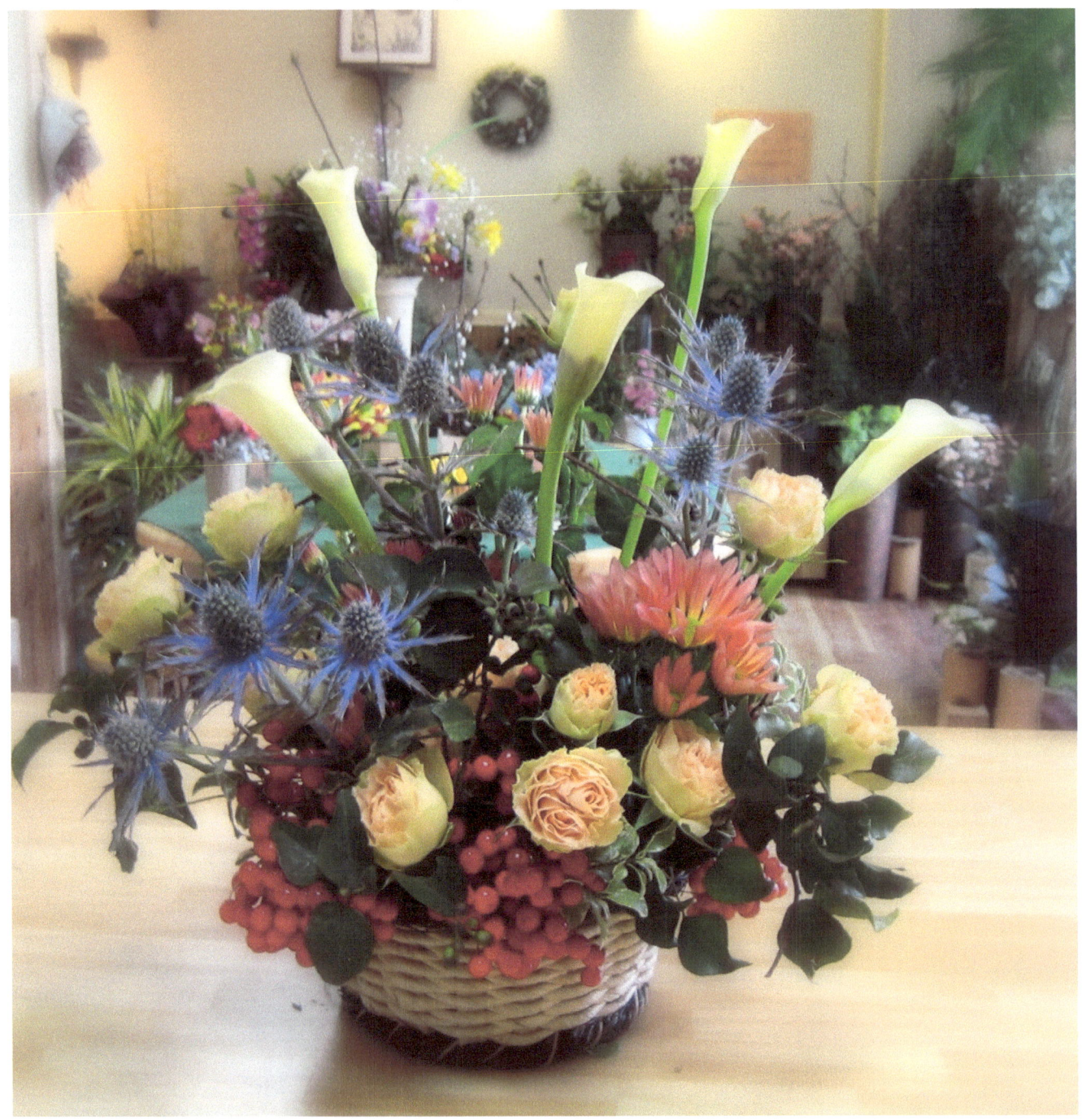

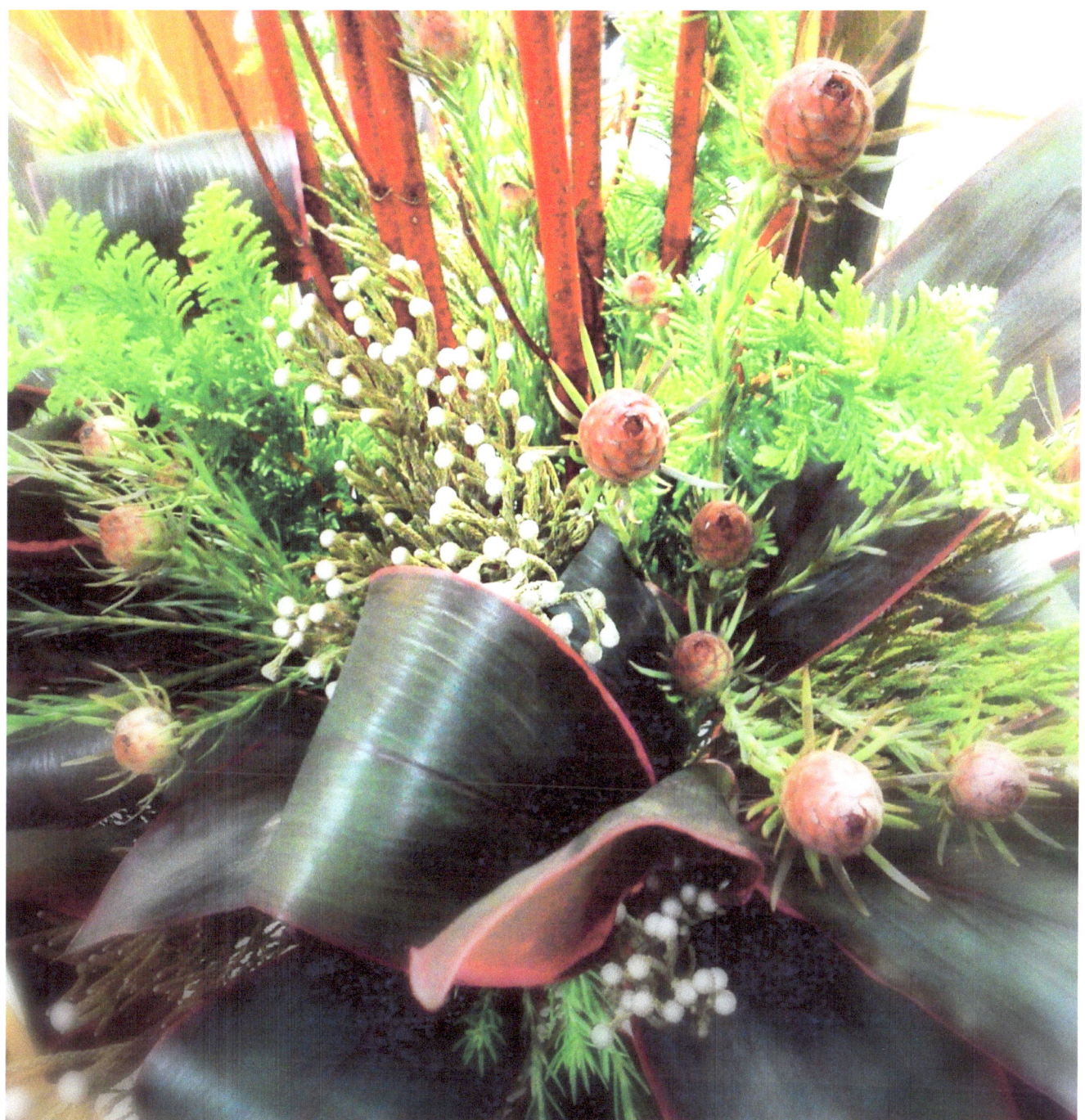

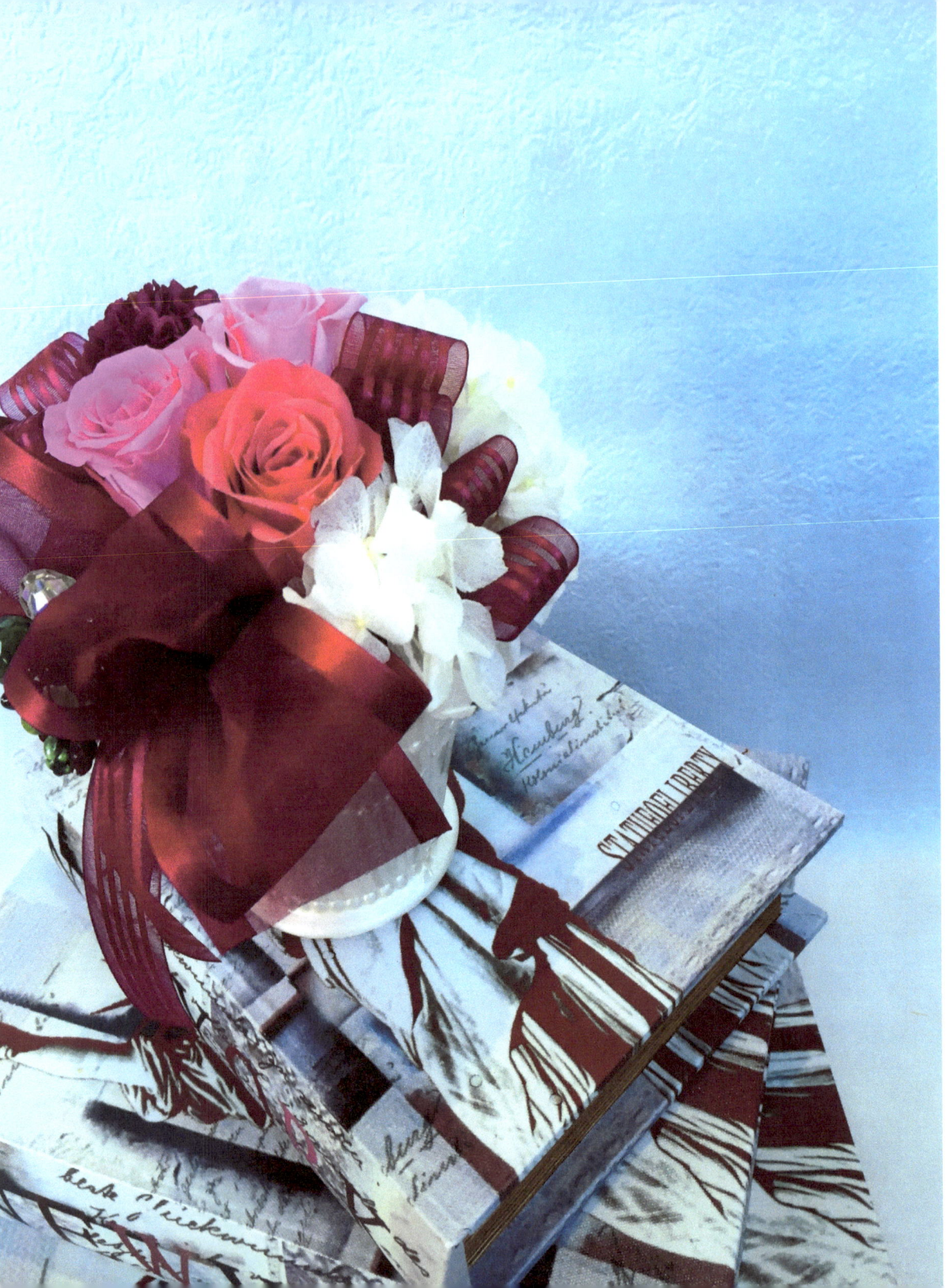

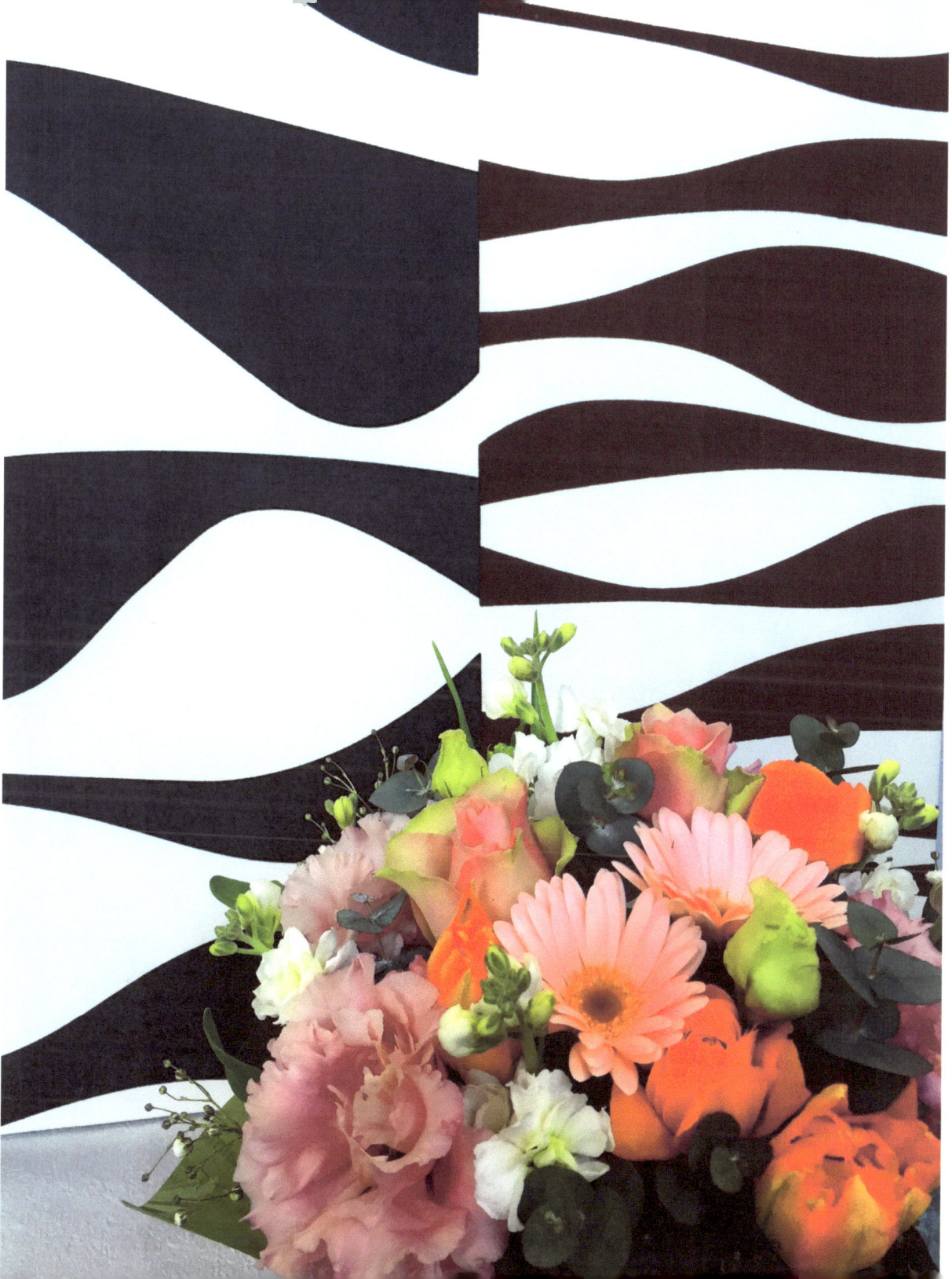

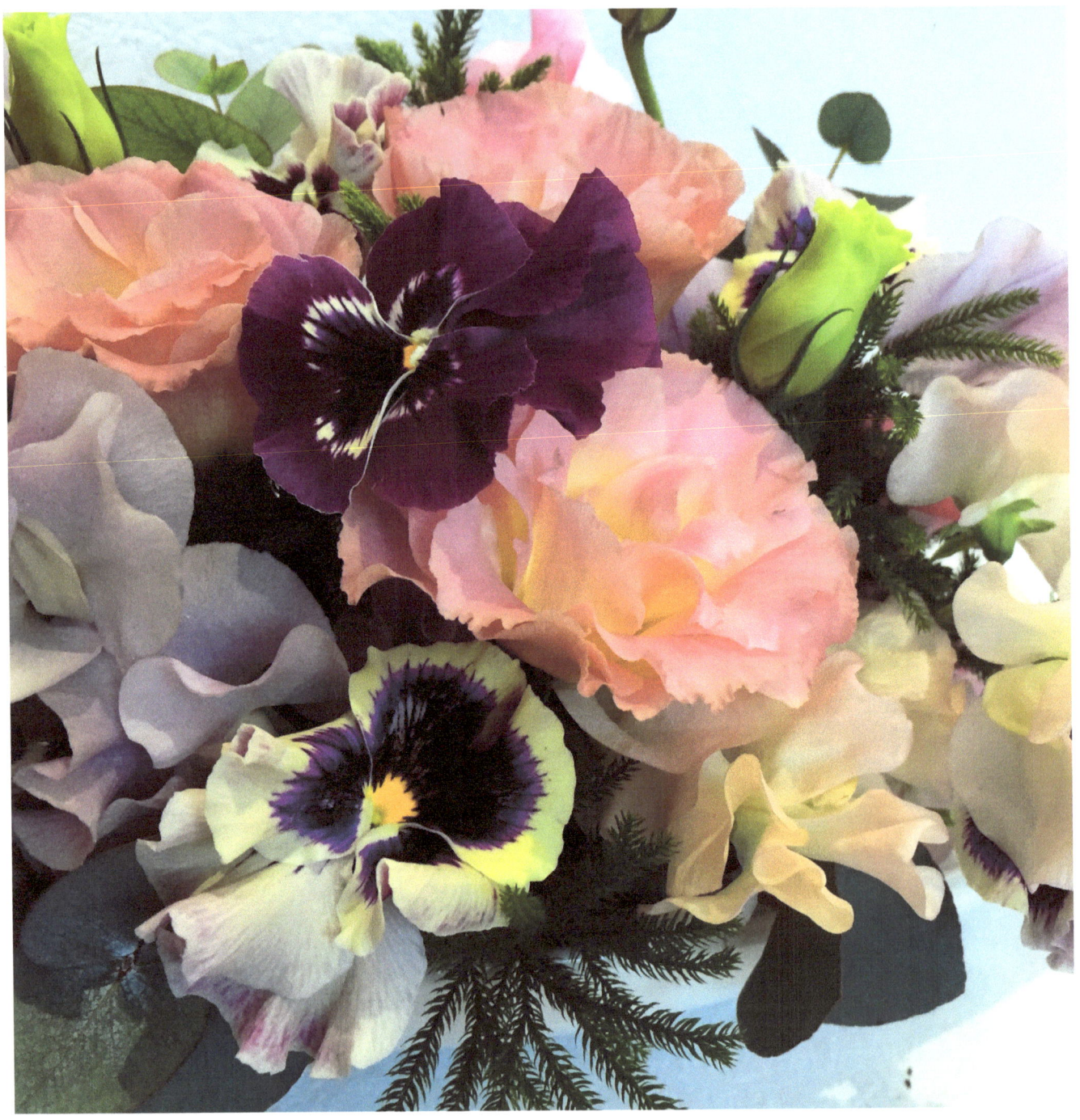

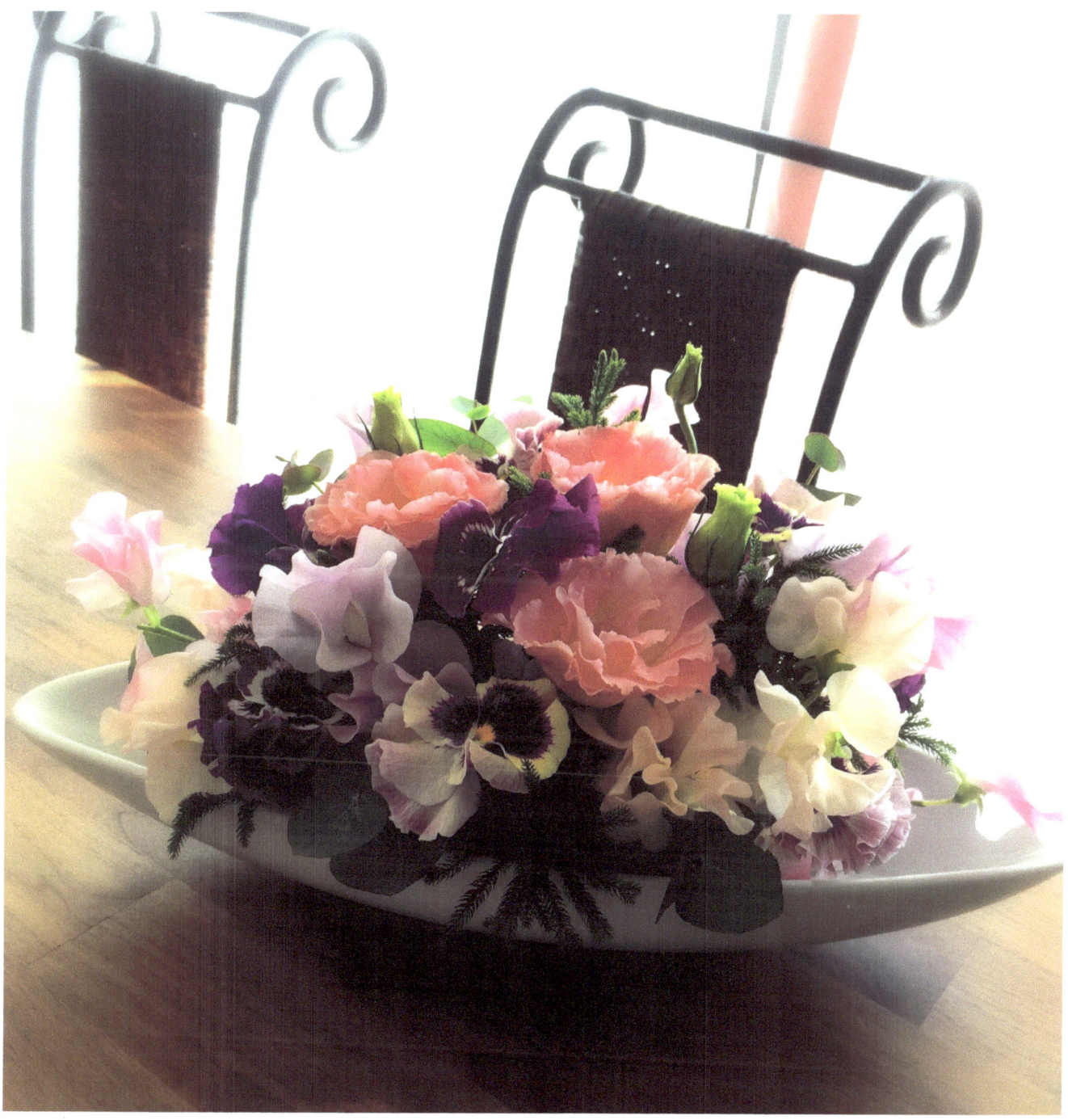

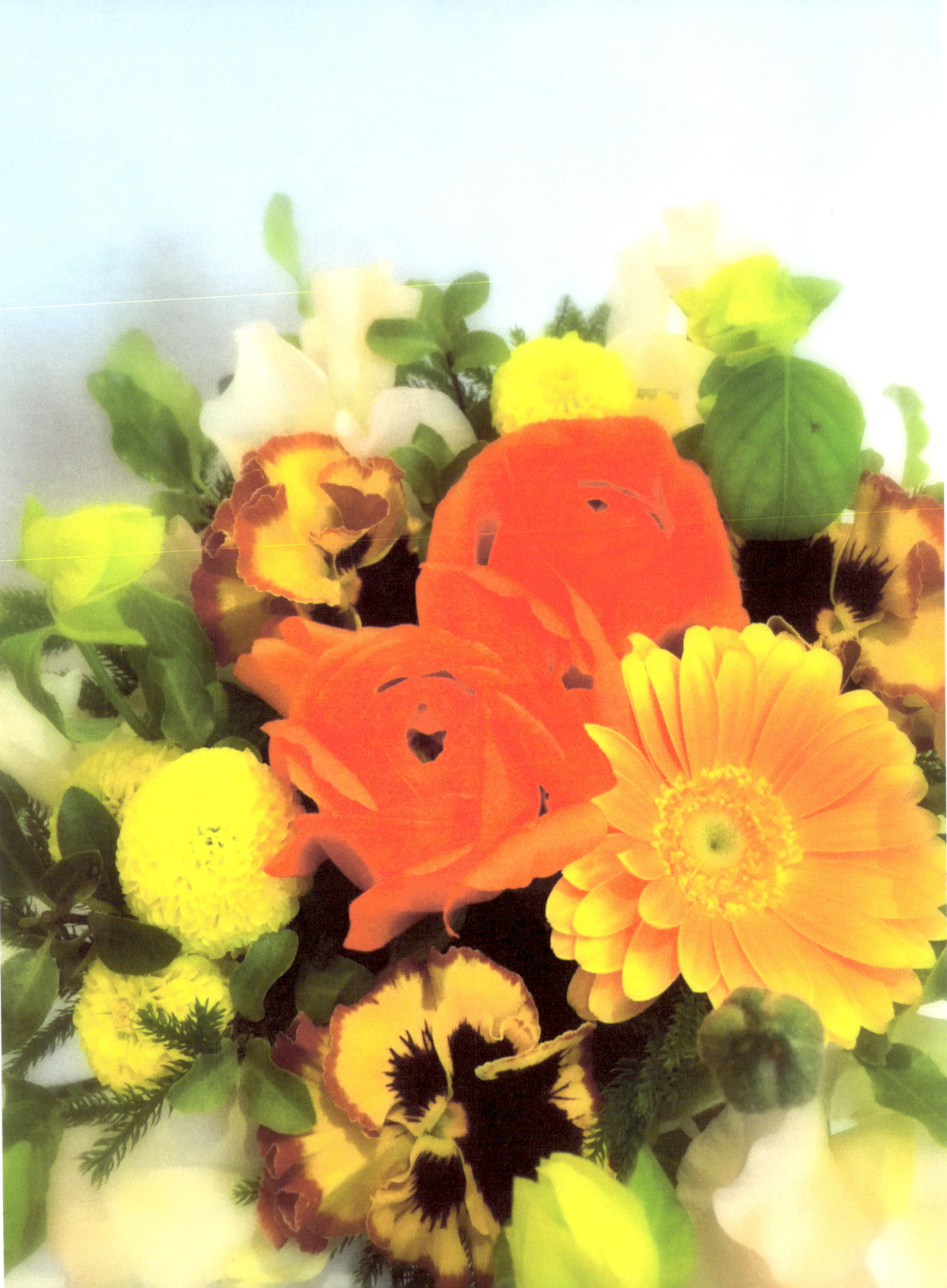

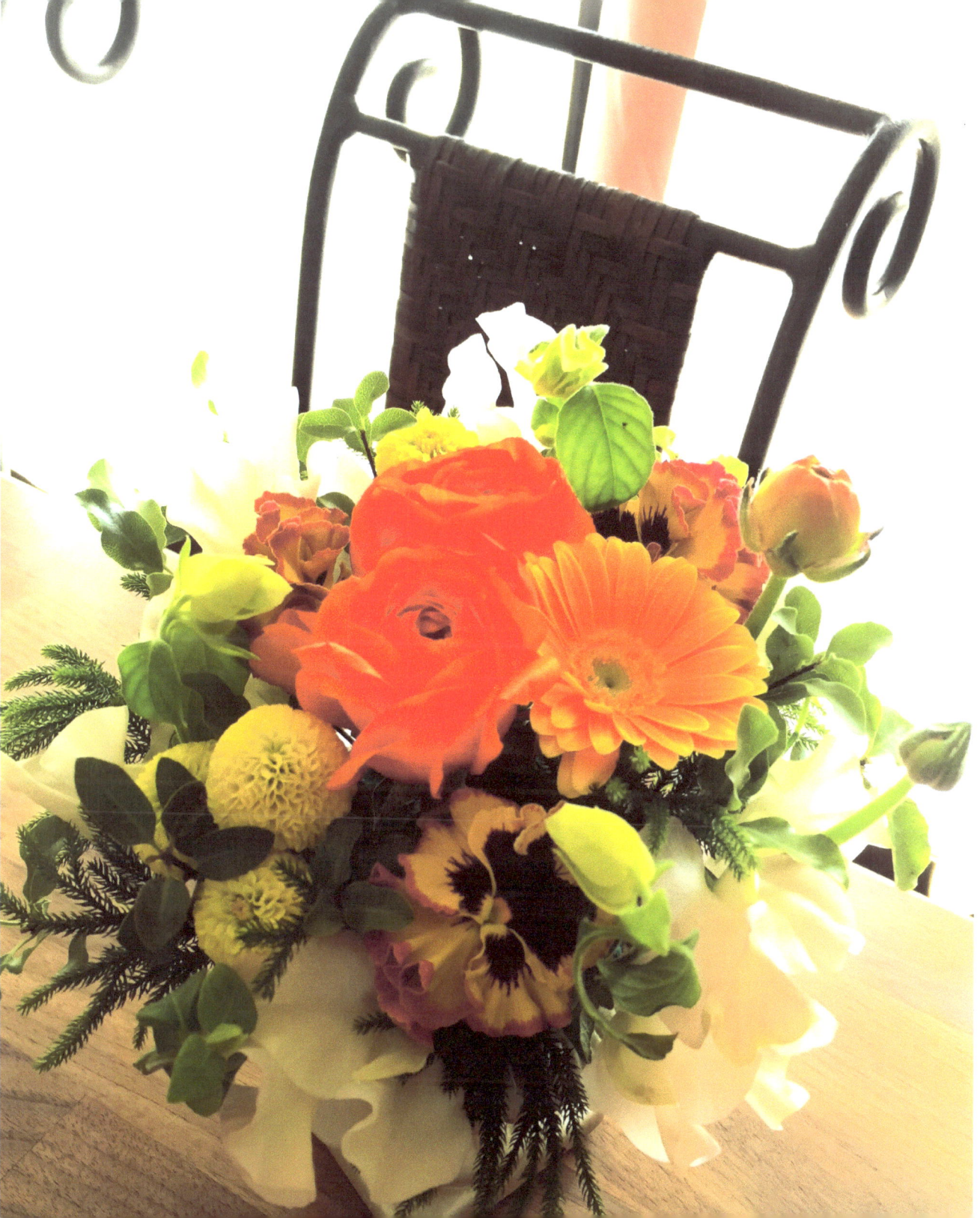

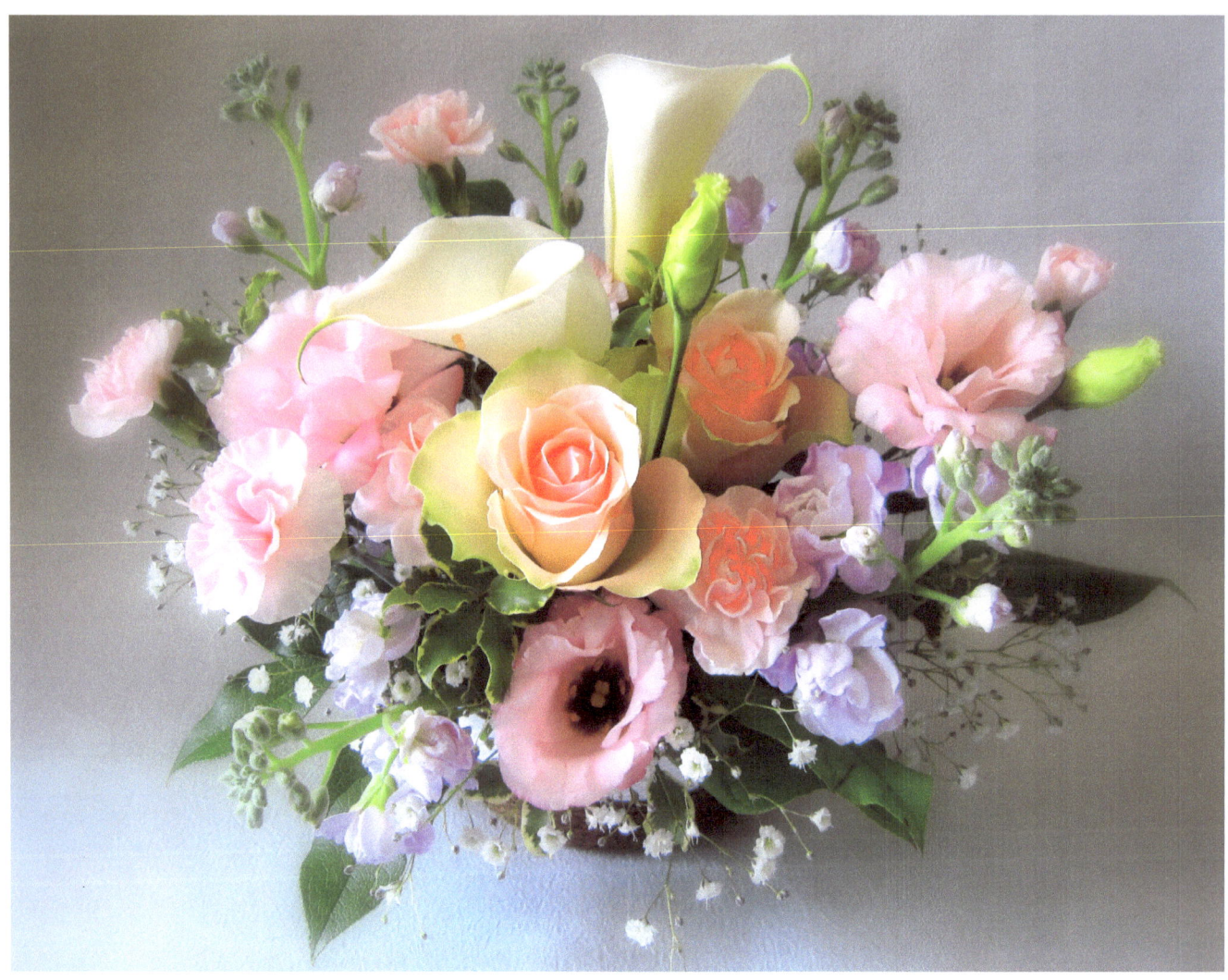

優しい時間

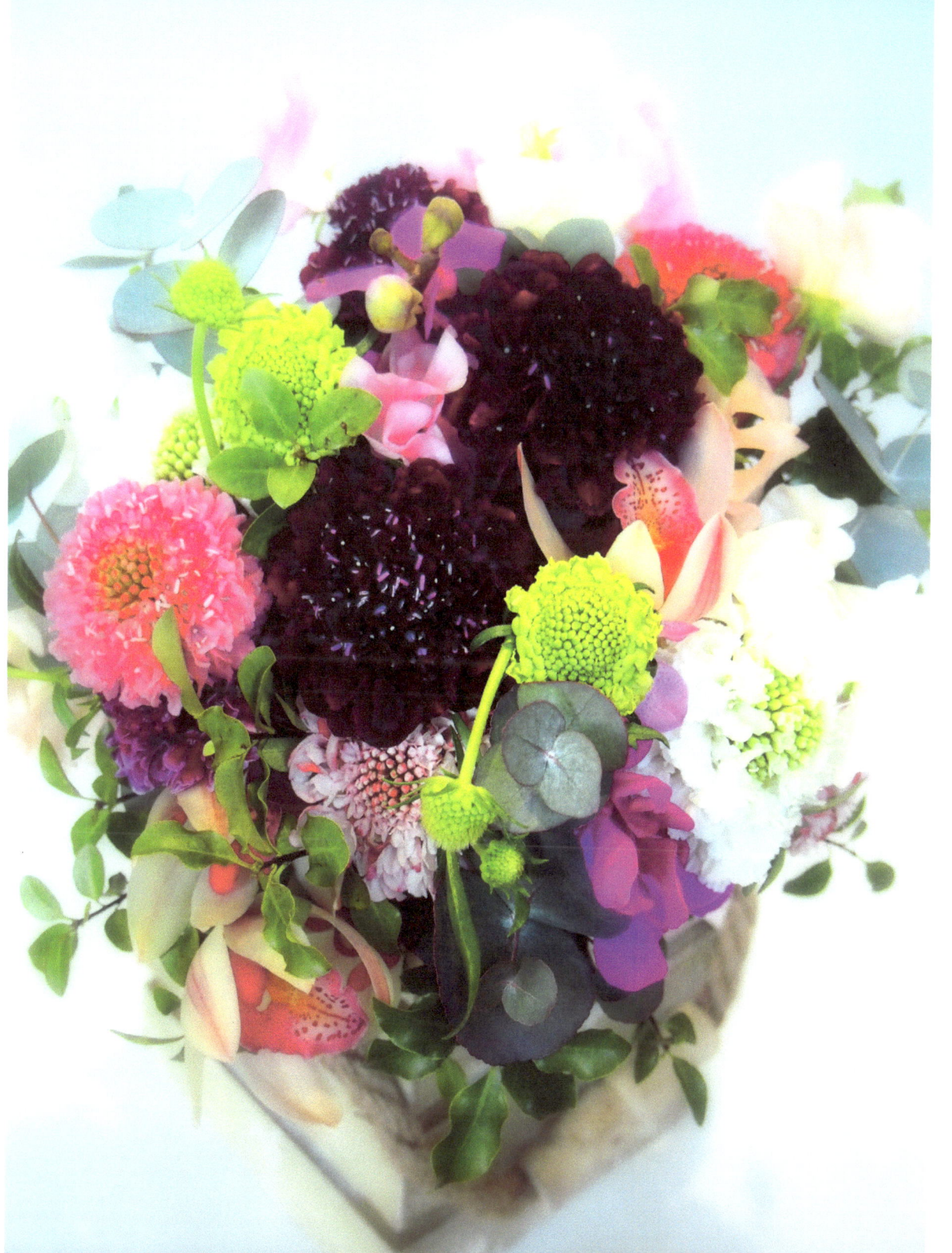

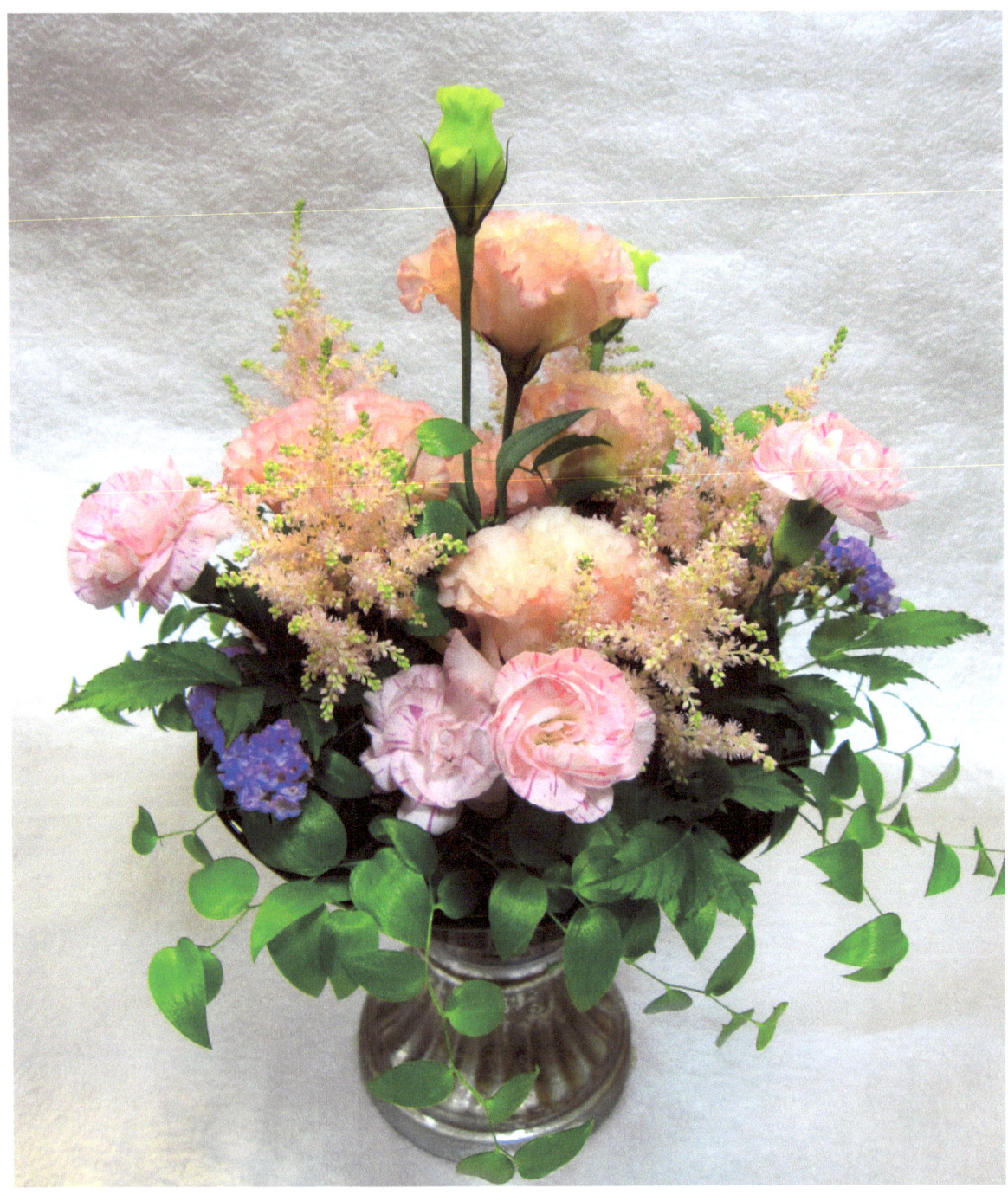

花工房　卯ららのお花たち

Junko Ohori

アメリカンミンクレコードライブラリー　アートブック Vol.2

「優しい時間～花工房卯ららのお花たち～」

作 者　大堀　純子

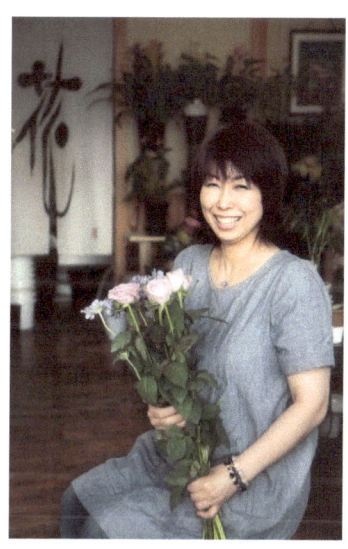

大堀 純子 プロフィール
三重県四日市出身。
2005 年より、鈴鹿市で「花工房卯らら」を営む。
「花は人の心を豊かにし、心を伝えてくれる」との思いで、
花工房卯ららにて
花のある暮らし・気持ちを伝える花・
花のあるおもてなしを提案し、ゆとりのある暮らしに
イロドリを添えるお手伝いをする毎日。

花工房 卯らら
花束/アレンジフラワー/鉢花/観葉植物/生け込み/ パーティーディスプレイ/
ブライダルブーケ/押し花/ フラワーデザイン教室/プリザーブドフラワー
〒510-0235　鈴鹿市南江島町 12-8　　http://hana-ulala.net/

Junko Ohori

アメリカンミンクレコードライブラリー

【アートブック】

写真をメインに構成した、ペーパーバックスタイルでの企画出版です。

アートな写真を撮る方はもとより、様々な方の興味深いワークや作品を写真にすることで、

「そのワークに新たな価値を創造する」という考えのもと、企画・制作しています。

Vol.1「わたし　らいふ　うちゅう」 てるな

Vol.2「優しい時間〜花工房卯ららのお花たち〜」 大堀純子

【音楽 CD アルバム】

数年前から、自作のピアノ曲を発表していた ARIKO が、自身のプライベートレーベルとして

立ち上げたのがアメリカンミンクレコードです。

現在は、ARIKO の作品と、息子たちと結成したバンド・キャットシングスサムシングの作品を

発表しています。

「Garden of the goddess」 ARIKO

「Signpost」 Cat Sings Something

アメリカンミンクレコードでは、ご希望の方に
CD、ダウンロード mp3、オーディオブック、Kindle、
ペーパーバック（ソフトカバーの本）の制作等をお手伝いしています。
制作のご希望などございましたら、メールにてお気軽にご相談ください。

＊アメリカンミンクライブラリーに関しましては、
当方のコンセプトに沿った企画のみとなっています

Home page:

http://americanminkrecord6.wix.com/am-records

Email:

american.mink.records@gmail.com

www.ingramcontent.com/pod-product-compliance
Lightning Source LLC
Chambersburg PA
CBHW050841180526

45159CB00004B/1983